Colección:

AMOROSA COMPAÑÍA

Libro 1

MIS ÁNGELES

Susi Calvo

MIS ÁNGELES

Número de Control de la Biblioteca del Congreso de EE. UU.:   2012908567
ISBN: Tapa Blanda   978-1-4633-1756-0
                    Libro Electrónico   978-1-4633-1758-4

Este libro fue impreso en España.

Para pedidos de copias adicionales de este libro, por favor contáctenos en:
Palibrio
1663 Liberty Drive
Suite 200
Bloomington, IN 47403
Llamadas desde España 900.866.949
Llamadas desde los EE.UU. 877.407.5847
Llamadas internacionales +1.812.671.9757
Fax: +1.812.355.1576
ventas@palibrio.com
403978

ÍNDICE

PRIMERA PARTE
PRESENTACIÓN DEL MUNDO ANGÉLICO

SEGUNDA PARTE
EL CREADOR Y SUS ÁNGELES

TERCERA PARTE
COMO TRABAJAR CON LOS ÁNGELES

CUARTA PARTE
COMUNICACIÓN CON LOS ÁNGELES

CUARTA PARTE
LAS FUERZAS OSCURAS

ANEXOS
INVOCACIONES ESPECÍFICAS

DEDICATORIA

Este libro esta dedicado a todos los ángeles. A los tuyos, a los míos y a los de toda la gente que existe en la Tierra. Se merecen todo lo que les podamos ofrecer.

También esta dedicado a María Teresa Salvia, Josefina Baucells y María Victoria Castillo. Ellas fueron mis colegas angélicos cuando nos tocó hacer este papel en la infancia, presentando a las niñas y niños que hacían la Primera Comunión en los años 1957 – 1959. Fue una bonita experiencia.

Esta dedicado a la gente de Palibrio, concretamente a Oriol y Erola, que me están ayudando tanto y tanto con la edición y publicación de todos mis libros.

Y a todos los que vienen: a consultar a sus ángeles, a las sesiones de camilla y a los que participan en los cursos de ángeles.

AGRADECIMIENTOS

Agradezco al Creador por haber elaborado a tan bellas criaturas, espero haber aprendido y saber crear como El, algún día. (Comentario de Teje-Má)

Agradezco a María y a Titania, mis buenas amigas por estas fotos tan fenomenales que nos hemos hecho las unas a las otras. Somos unos bellos ángeles.

En el año 96 cuando surgió por primera vez este libro pronuncié estos agradecimientos, me reitero en ellos y les añado algunos detalles.

"Este libro puede salir a la Luz gracias a los mágicos ordenadores de Isabel y Mariano.

También doy gracias a mi amiga Alana, por darme fuerza y empuje al empezar mis cursos y sesiones.

No tengo palabras para expresar mi profunda gratitud a mis dos Ángeles: Amor de Dios y Gracia Divina, sin los cuales vosotros no tendríais en la mano este libro".

11

Titania y Susi abril 2012

PRÓLOGO

Con mucho cariño escribo estas líneas contando mi experiencia para este libro que está renaciendo. Con el va mi agradecimiento a los ángeles y a Susi por ser su canal.

ℰℭ

De pequeña creía en los ángeles y también en Papa Noel. Me imaginaba a los ángeles tal y como los veía en las postales de Navidad: niñas rubias, con el pelo largo, ondulado, unas alas blancas y un vestido largo también blanco.

Como los ángeles pueden volar y viven en el cielo, no dejaba de mirar arriba por si algún día veía uno en una nube. Pero como no se presentó nunca un ángel, ni en el cielo ni en la tierra, interpreté que era un cuento de los mayores, al igual que Papa Noel. Algo que existe en la fantasía, como Blancanieves con sus enanos.

Nací en Alemania y no soy católica, así que el conocimiento sobre los ángeles desde la perspectiva de la iglesia, era algo ajeno en mi vida.

Conocí a Andrés, en España y me casé con él.

El matrimonio y mi vida en España, me acercaron un poco a estas creencias ya que su familia celebraba las fiestas católicas y rezaban a la Virgen.

Así me enteré de que hay ángeles y arcángeles. Y este mundo se me abrió desde otra perspectiva.

Hasta que llegó un día, del cual puedo decir que me ha cambiado la vida.

Os cuento:

Llega Andrés y me dice: "Cariño he visto a Rodolfo y el dice que va a venir una señora al pueblo de al lado y a través de ella se puede hablar con los ángeles. Rodolfo va a verla y a mi también me interesa, ¿qué te parece?"

Yo era totalmente escéptica, no quería saber nunca nada de lo espiritual o esotérico y le respondo: "Pues si tu quieres probarlo ves y hazlo. Ten en cuenta de que eres libre de levantarte e irte en cualquier momento. Si ves algo raro, te levantas y te vas".

Llega el día de la sesión con los ángeles. Sabía que la señora se llamaba Susi y estaba intrigada en lo que iba a pasar.

Cuando regresa mi esposo veo que viene con una sonrisa, que me indicaba que la cuestión no fue mal y le pregunto: "¿Qué ha pasado? ¿Cómo fue?".

Dice el: "Mira, lo primero que me han dicho los ángeles es que estaría bien que te hiciera mas caso, porque lo que me dices es bueno para mi".

Me quedé de piedra.

Nunca he hablado con nadie de mi sufrimiento profundo. Por experiencias de la vida, he visto que cierto comportamiento de Andrés no va a traer nada bueno, y todos mis intentos de abrirle los ojos eran en balde, porque nunca me hacia caso.

En ese momento me hizo un click en la cabeza. Tenia claro que nadie podía saber lo que sentía yo y viene Andrés diciéndome que por su bien me hiciera más caso. Solo algo superior a lo humano puede saberlo.

Y en ese momento se me hizo la Luz: ¡Los Ángeles existen!

Poco tiempo después me encuentro en una situación de mi vida muy difícil, no encontraba la salida al sufrimiento ni a la preocupación, estaba desesperada.

Y de la misma desesperación nació la idea, "¿Por qué no intentar un encuentro con los ángeles a través de esta señora?"

Busqué el num. de teléfono y llamé: Tenía suerte, la misma semana Susi tenía sesiones en Valencia y yo vivía en Alicante. Me tocó un viernes por la tarde. ¡Que nervios he pasado esperando hasta que llegó la hora de mi sesión!.

Se abre la puerta de la consulta y sale una chica muy normal. Yo esperaba algo diferente, así como se ve a las médiums en la tele.

No sé si su naturalidad me tranquilizaba o me puso más nerviosa.

Estaba sudando y mi corazón iba a tope. Expresando mi nerviosismo, Susi me dice: "entra y relájate que yo te explico".

Y explica: "me llamo Susi y mi historia es la siguiente..." Me cuenta como empezó ella su conexión con los ángeles, y después me dice: "verás los ángeles han preparado un discurso para ti, déjales hablar primero y no les interrumpas. Luego tienes tiempo para preguntar". Eso me tranquilizaba porque tenía una larga lista de preguntas y quería tener tiempo para hacerlas.

Como no tenía ni idea de lo que es la canalización, ni sabía que eso existe, mis nervios estaban a flor de piel. Sentía una gran tensión y me preguntaba ¿qué me va a pasar?

No pasó nada. Susi respiraba profundamente y cerró un momento los ojos y cuando los abrió tenia una mirada un poco ausente, introvertida (para explicarlo de alguna manera). Sus ojos empezaron a moverse de un lado a otro rápidamente y empezó a hablar ella, con su propia voz.

Se presentó un ángel, me dio la bienvenida y expresó la alegría de todos mis ángeles por poder hablar de esta manera, directamente conmigo. Así me enteré de que no solo venia uno, sino que llegaron hasta 12 ángeles. El que se presentó era quien hablaba y me fue presentando a los otros.

El ángel me iba contando cosas y yo me iba relajando. Habló durante media hora y yo alucinando cada vez más y más.

En esta media hora todas las preguntas de mi lista estaban contestadas sin que tuviera que leer ninguna.

Cuando ya me toca a mí hablar, el ángel me pregunta si lo he entendido todo y si tengo más preguntas. En ese momento solo sentí agradecimiento y me cayeron las lágrimas de emoción. Se cruzaron nuestras miradas y me llegó tanto amor a través de estos ojos que me miraban... Ya no veía frente a mi a un cuerpo humano, solo veía estos ojos que me empapaban con la confianza que tanto añoraba en mi vida...

Sentí la completa comprensión. Me sentí aceptada, amada, entendida, comprendida.

Total: que ya no tenía ni preguntas ni palabras.

En una hora se han aclarado las dudas de toda mi vida y empieza un nuevo rumbo, porque de repente, todo lo que antes no tenía ningún sentido, empieza a tener una cierta claridad.

En media hora ha cambiado el sentido de mi vida.

Aquí es cuando el ángel ha seguido hablándome. Me ha contado otras vidas mías, lo cual era un tema que tenía en mi campo de dudas.

Pero lo que me contó tenía resonancia en mi interior. Era como reconocerlo, algo dentro de mí me dice. "Si, si, así fue..."

Total: Ya han pasado diez años y hoy en día son mis mejores compañeros. Siento que están siempre conmigo, me hablan a su manera y recibo sus consejos. A veces a través de la intuición, otras como una voz dentro de mi cabeza y sobre todo, siento su cariño, su amor, que hace que nunca me sienta sola. Los he integrado en mi vida y gracias a ellos tengo una visión muy distinta de mi camino, de la que tenía hace 10 años.

¡Os amo profundamente, queridos ángeles!

TITANIA

PRIMERA PARTE

PRESENTACIÓN DEL MUNDO ANGÉLICO

Empezamos este libro explicando como fue mi conexión con el mundo angélico.

Añadimos unas palabras que tienen los ángeles para ti.

CAPÍTULO 1

EL COMIENZO
DE LA HISTORIA

.- Nos situamos en el año 1957, en el colegio Inmaculado Corazón de María, en la calle Sabastida cerca del Paseo Maragall, de Barcelona –España–.

En la clase, callada y tranquila está María Asunción Calvo, una buena y aplicada alumna.

(Esta soy yo, jajajaja, ¡tachan!)

Entra una monja y llama a "la Calvo" (en el cole se llama a la gente por el apellido).

Salgo y me dice la hermana que quieren hablar con mis padres, que se presenten en el cole en cuanto puedan, ¡que misterio!

A los pocos días mi madre me dice que fue al cole y que otra niña (María Teresa Salvia) y yo vamos a hacer de angelitos en la Primera Comunión de las niñas. Y que me van a confeccionar un traje especial por ese motivo.

Una gran alegría me invade. ¡Voy a ser un angelito por un día!

A mis 3 años y pico, no entiendo mucho de estas cosas, pero me hace muy feliz ser protagonista en un día tan especial para mucha gente.

Después vienen los ensayos.

Las pruebas del vestido, corona, sandalias.

Y que no falten unos guantes blancos y sobre todo: **LAS ALAS**.

Los ensayos son muy divertidos, hay que portarse bien. Hacer todo lo que te dicen las monjas. El otro angelito y yo lo hacemos muy bien. Las monjas están muy contentas con nosotras.

Y llega el día de la Primera Comunión de las niñas del colegio.

A las niñas se añaden unos niños de un colegio vecino.

Recordemos que en esa época, en los colegios religiosos no se mezclaban y por lo tanto, las niñas iban a un colegio y los niños a otro.

Ya me ves con mi vestido de ángel, mi coronita, mis sandalias doradas, mis guantes y unas preciosas alas blancas en mi espalda.

Me siento extraña. ¿Soy un ángel de verdad?

¡Es todo tan emocionante!

Mis padres están muy contentos. Papa me hace unas fotos en la escalera al llegar al cole. Me gusta.

Nos convocan en una sala donde se van reuniendo todos los niños y niñas a medida que llegan al cole.

Y ya nos van colocando a los ángeles uno a cada extremo del grupo.

Llega el fotógrafo para la sesión de fotos. Unas cuantas en el salón donde estamos, otras en la escalera y ya las siguientes serán en la iglesia. Es importante recoger el evento.

Nos ponemos en fila. Los ángeles vamos delante. Nuestra misión es acompañar a los niños y niñas y luego quedarnos de pie en un ladito.

Siento mi papel de acompañante como algo muy especial. Entramos en la iglesia con la cabeza baja, en un estado de recogimiento. Es como una obra de teatro.

A la gente le gusta esta escena. Ver entrar a dos angelitos y luego a sus hijos, con esos trajes de princesa o de marinerito.

Nosotros hacemos la genuflexión y nos ponemos en nuestro sitio, vamos observando la escena.

Mi hermano Javier hace de monaguillo. Está muy gracioso con su traje negro con ese otro blanco encima. (Es mi único hermano y lo quiero mucho).

Mis padres están orgullosos de verme así vestida y de lo bien que me porto.

Los niños toman la comunión y ya regresamos a formar la fila para salir, arrodillándonos ante el altar.

Estoy muy contenta. Cuando salimos, más fotos. Mi compañera angélica sonríe y es feliz. Sus padres también. Se respira alegría y felicidad por doquier.

ଚ୍ଚ

.- Año 1958. Estoy en clase aprendiendo, a mis 4 años. La monja me vuelve a llamar, quieren que vuelva a hacer de angelito. Esta vez mi compañera angelito será otra alumna distinta (Josefina Baucells).

ଚ୍ଚ

.- Año 1959. Se repite la escena con otra compañera distinta (María Victoria Castillo).

ଚ୍ଚ

Las tres compañeras angélicas también eran amigas mías en clase, me gustaría volver a encontrarme con ellas algún día, (a ver si leen este libro y contactan conmigo).

Nunca entendí por qué durante tres años seguidos fui el ángel que acompañó a los niños y niñas en su Primera Comunión.

En 1959, cuando hice por primera vez este papel, también fue la primera vez que se les ocurrió hacerlo en el colegio. En 1961 cuando fue mi última vez, también fue la última en que lo hicieron en el colegio. Así que yo inauguré esta etapa y la cerré.

Al siguiente año ya me tocaba a mí hacer la Primera
Comunión. Hubo grandes cambios. Ya no nos tocó vestir
de princesas sino de monjas, con un hábito blanco y con
unos cordones que nos colgaban por un lado.

En cierta manera parecíamos frailes.

Eso si fue triste. No nos gustó nada a ninguna. Sobre todo
el cambio de vestuario. Yo esperaba este evento para
disfrazarme de princesa.
En fin, alguna que otra lagrima aun me rueda por la mejilla.
Jajajaja…

El hacer el papel de ángel en la Comunión de los niños no
fue algo trascendental, quedó como una anécdota en mi
vida.

Aunque con el paso de los años y de un montón de
acontecimientos ha ido cobrando sentido.

Susi (derecha) y María Teresa Salvia
(izquierda) –año 1957-

CAPÍTULO 2

ESTABLECIENDO LA CONEXIÓN

En el año 1986, a mis 33 años, me encontré de cara con el mundo espiritual y esotérico.

En 1987 desperté al mundo de la canalización. Este aspecto lo explico más detalladamente en mis libros de la colección: "MIS CUADERNOS DE PRÁCTICAS-Teje-Má", concretamente en el primero de ellos: "EL PLAN MAESTRO".

Todo un mundo se abrió ante mí. Muchísimas entidades en otras dimensiones.

El mundo angélico se hizo presente a través de los encuentros con nuestro instructor de Sirio, quien nos acompaña mediante sus enseñanzas desde 1990.

Cuando nos instruía en el mundo de la sanación, nos presentó a un grupo de ángeles. Ellos se colocaban alrededor de la camilla y nos ayudaban en la sanación de la persona.

Un año, cuando vivía en Brunete, cerca de Madrid, estaba en mi sala de terapias y se presentó uno de estos ángeles.

El encuentro me dejó tan impresionada que todavía hoy cuando lo recuerdo se me pone la carne de gallina.

A los ángeles yo les veía a través del sentido de la visión oculta, es decir, en otra dimensión.

Esta vez el ángel se presentó de tal manera que lo vi físicamente como puedo estar viendo a cualquier persona a mi alrededor.

Me impactó muchísimo. Mi cuerpo empezó a temblar, a vibrar, y sentí que yo me podía desintegrar en cualquier momento.

Me entró mucho miedo y me quería meter debajo de cualquier sitio. Quería esconderme.

A la vez empecé a chillarle "de la otra manera", dándole la consigna de que prefería verle en visión y no físicamente.

Pero el no se movía. Quieto. Esperando a que fuera yo la que me calmara.

Y así fue. Como mis gritos no obtenían resultado alguno, tuve que llenarme de valor y atenderle.

Ya un poco más calmada le pregunte: ¿Qué quieres?

Empezó a hablarme telepáticamente:

Me llamo "Amor de Dios", he venido junto con "Gracia Divina", Dios nos ha encomendado una misión y venimos a pedir tu colaboración.

Pasé de los temblores a la sorpresa.

Y entonces empecé a poner más atención al ángel que tenia delante.

Era muy alto, altísimo. Y lo que más me llamó la atención fue el color de sus alas, que eran muy grandes y contenían una mezcla de plumas azules y plumas doradas.

Esto me chocó porque tenía el concepto de que los ángeles tienen que tener las alas blancas. Así las vemos en los altares y en las imágenes o estampas.

Como comprenderás le dije que estaba encantada de poder colaborar con ellos.

Y así empezó una gran aventura.

CAPÍTULO 3

LA CAMILLA

Todo lo movilizaron ellos. No sé cómo ni cuando ni por qué, pero empezaron a aparecer personas en mi vida, que necesitaban la ayuda de estos maravillosos seres.

El trabajo con ellos se hace como sigue:

La persona que viene a este tipo de sesión, se tiende en la camilla, sin ropa aunque tapada con sabanas y mantas, según el clima.

Yo me siento a su lado. Tengo velas encendidas y una música suave.

Empezamos con el mudra y las Premisas Básicas.

Les damos permiso a los ángeles para actuar en nosotros y explicamos cual es el problema a tratar. Y hacemos el mudra de cerrar.

Una vez los preliminares están listos, Amor de Dios, se pone dentro de mis manos, como si se metiera en unos guantes.

Mis manos pasean por encima de la persona, como si se tratara de un ligero masaje. En esos momentos yo siento que mis dedos y la palma de mis manos son como unas aspiradoras y van absorbiendo nudos, impurezas y bloqueos que tiene la persona.

Estas impurezas pasan por mis canales y salen por la boca. Estos gestos me hacen pensar en lo que ocurre cuando a una persona le muerde una serpiente y otra le quita el veneno. Así me siento a veces.

A lo largo del tiempo me han permitido ver como se muestran estas impurezas, en forma de gusanos, animales extraños, elementos parecidos a los minerales, y de otras formas muy variadas y extraordinarias.

Los gusanos me llaman mucho la atención, porque a veces te muerden o se te quedan pegados y tienes que arrojarlos con fuerza.

Estos gusanos normalmente forman nidos y se agrupan. Suelen ser blancos y tienen una parte oscura que forma una boca con una pequeña tenaza negra.
Si tuviera que compararlos con algo conocido, lo haría con los gusanos de seda. Aunque estos que aquí veo son más grandes y muy sutiles.

Otros animales muy típicos son los llamados "gusarapos". Se parecen un poco a las cucarachas, aunque estos serian cucarachas gigantes. Son más redondeados u ovalados y corren muy deprisa por todo el cuerpo.
Son típicos de la gente fumadora. Cuando te acercas a las personas que fuman pasan de su cuerpo al tuyo y los

sientes como caminan por tu cuerpo. Dan mucha grima. Brrrr…

En las sesiones los ángeles hablan entre ellos. Comentan lo que ven y como ayudar a la persona que esta en la camilla.

Imagen dibujada y pintada por Rai de Horna, (mi hijo).

En ella me representa sanando junto con los dos ángeles que me acompañan en este trabajo.

CAPÍTULO 4

SESIONES ANGÉLICAS

Un día una señora me dice que se siente muy feliz con el trabajo que le han hecho los ángeles en la camilla y me pregunta sonriendo si podría hablar con ellos.

Pues, no se... (digo yo)

Y concretamente me pide hablar con SUS ángeles, con los que la acompañan en la vida diaria.

Pues, no se... (respondo)

Pero como una es muy lanzada, cierra los ojos y espera a ver que ocurre.

El milagro está servido.

Veo a los ángeles de la señora en cuestión y empiezan a hablarme y a contarle cosas de su vida.

¡Caramba!

Así empieza una nueva etapa de conexión.

Y la gente se anima y ahora lo que quieren es hablar con sus ángeles.

Algunos quieren las dos cosas, hablar con sus ángeles y que les atiendan en la camilla los que me acompañan.

La tarea se multiplica.

Mucha gente quiere que sus ángeles les aconsejen y les den una guía para su vida.

Pero yo percibo otra cosa MUY IMPORTANTE. Veo a los ángeles desesperados por poder hablar con sus pupilos.

Es mas grande el deseo que tienen los ángeles de ser escuchados, que los deseos de las propias personas de escucharles a ellos.

Veo su anhelo, su gran agradecimiento de que alguien establezca esta conexión entre ángel y pupilo.

¡No sabes cuanto me alegro de poder ser útil a los ángeles! ¡De verdad!

Pero la cosa no acaba aquí.

CAPÍTULO 5

CURSOS DE ÁNGELES

Sí, sí, como lo lees.

Un día me dice mi compañero angélico:
"Queremos llegar a más gente. Queremos que hagas cursos de ángeles. Queremos hablarles. Queremos comunicarnos con ellos y que ellos aprendan a comunicarse con nosotros".

Y yo le digo: "Pero, si no se nada de vosotros como organización".

A lo que contesta: "No te preocupes, pronto resolveremos este problema".

Y así fue.

Al poco tiempo llegó a Madrid un angelólogo (no se si lo escribo bien). Un obispo argentino, de la línea marianista, llamado Claudio Paleka.

El obispo tenia conexiones con los ángeles y estuvo dando un curso de "Técnicas de Convocatoria Angélica".

Allí aprendí una serie de cosas que me sirvieron como base para dar mis cursos de ángeles.

En los cursos, primero doy la parte teórica y luego trabajamos con ellos de forma práctica en lo que ellos quieren hacer con las personas.

Las experiencias son muy interesantes y preciosas.

Asisten ángeles y arcángeles invitados, además de los propios de las personas.

Practicamos la conexión, la sanación angélica, pintamos, cantamos y muchas cosas más.

Los ángeles están super-contentos con estos encuentros y me han hecho viajar por el mundo con todo ello.

Curso de ángeles en
México DF – sept. 1995

CAPÍTULO 6

LOS LIBROS

En mi despertar al mundo espiritual me comunicaron que escribiría un libro. A lo largo de estos años, pensé que se trataba de la cantidad de libros de instrucción que hemos ido recogiendo sobre las enseñanzas recibidas durante este tiempo.

También recogí la información con respecto al mundo angélico en el año 1996. De este libro que hice he hecho resurgir actualmente la información que vas a leer, actualizando algunas explicaciones.

Pero hace dos años, en 2010, soñé que escribía **un gran libro** llamado "EL PLAN MAESTRO".

Este libro ha visto la Luz este año 2012 y junto con él toda una colección escrita por mi Vehiculo Superior llamado Teje-Má.
Esta colección me ha gustado muchísimo a mi y a todos

aquellos que los están leyendo. (Recibo comentarios muy positivos e interesantes al respecto de lo que ocurre cuando la persona los lee).

Ahora tengo en mis manos el proyecto de recrear el libro de ángeles y he comenzado una nueva colección que se llama AMOROSA COMPAÑÍA. Esta colección va a estar basada en los seres que están en otra dimensión y nos acompañan guiándonos. Hablaremos de delfines, hadas, duendes, etc.

Lo que sigue en el libro que tienes en tus manos, es la enseñanza del obispo y las formas de convocatoria.

Espero que te sean útiles, y si tengo la oportunidad de encontrarme contigo en un curso o sesión, me complacerá mucho poderte ayudar en tu crecimiento y evolución personal.

Con mucho cariño.

Susi Calvo
Ávila, 11 de abril de 2012

CAPÍTULO 7

UNAS PALABRAS DE LOS ÁNGELES

Nosotros, como Servidores de la LUZ, nos alegramos de que estés en estos momentos con esta lectura en tus manos y de empezar una nueva forma de contacto contigo.

Siempre hemos estado a tu lado, escuchando tus pensamientos y ayudándote para que tus acciones sean las más adecuadas a tu aprendizaje en esta vida.

Ahora tienes la oportunidad de ser tú quien atraviese la barrera dimensional y te acerques a nosotros con tu Fuerza y tu Amor.

¡Rompamos las fronteras y fusionémonos en un abrazo de Inmensa Luz!

Luz, Paz y Amor

SEGUNDA PARTE

EL CREADOR
Y SUS ÁNGELES

En esta parte vamos a conocer quien es el Creador de este universo y como son los ángeles.

CAPÍTULO 8

MIKÁ

Vamos a hablar de unos conceptos extraídos del LIBRO DE URANTIA que me han parecido muy interesantes y aplicables para ampliar nuestro conocimiento del universo:

Nosotros vivimos en un planeta que gira alrededor del Sol, éste a su vez gira alrededor de Alcione, en las Pléyades y todo ello alrededor de la Estrella Sirio, así sucesivamente, hasta hallar un centro en este universo.

Este universo tiene un creador llamado: MIKAEL DE NEBADÓN.

Este no es el único universo que existe y todos ellos han sido creados por una entidad.

Los Creadores de Universos se llaman "Mikaeles" y se les añade el nombre del universo que han creado.

Nuestro Universo es llamado NEBADÓN por los Seres de Luz, de ahí el nombre de MIKAEL DE NEBADÓN, llamado familiarmente: MIKÁ.

El creador de este universo crea por sí mismo o hace crear a sus ángeles o emisarios. Es decir nuestros ángeles han sido creados por Miká o por sus Hijos Creadores.

Los ángeles le deben respeto y obediencia.

El los creó como Seres capaces de aprender, pero con la finalidad de servir. Por tanto, Miká ha enviado a sus ángeles a la Tierra para apoyar, guiar y servir a la humanidad.

Los ángeles encuentran la felicidad completa sirviendo a su Creador.

(Imagen de Miká)

Miká encarnó en la Tierra, siendo Jesús de Nazareth.

❧❧ ❧❧ ❧❧

CAPÍTULO 9

DIFERENTES CADENAS EVOLUTIVAS

En el planeta Tierra, hallamos dos cadenas evolutivas:

- La Cadena Solar
- La Cadena Dévica

La Cadena Solar

Por ella circulan los seres que vienen a la Tierra a recorrer un camino iniciático, ascendiendo hacia su Creador.

Cuando se toma forma por primera vez en la Tierra, ésta se halla en el reino mineral, después vegetal, siguiendo por el reino animal, humano, supra-humano, hasta que llegas a convertirte en un "Ser Solar".

Para llegar a este proceso final, el Ser se va transformando, debido al aprendizaje que efectúa en cada una de sus vidas.

La energía resultante de este aprendizaje, se acumula formando un cuerpo, un vehículo, al que denominamos "Presencia", "Yo Superior" o "Vehículo Superior", y que, unido a todo lo que has aprendido en este Sistema Solar, conforma el "Ser Solar" que hay en ti.

La Cadena Dévica

Esta es la cadena a la que pertenecen los seres que acompañan etéricamente a cada reino, lo cuidan y lo protegen.

- Así, por ejemplo, entre los Seres de la Naturaleza, hallamos:

♦Los correspondientes al elemento Tierra: los gnomos.
♦Al elemento agua: las ondinas y las sirenas.
♦Elemento fuego: las salamandras.
♦Elemento aire: silfos y sílfides.
♦Elemento éter: las hadas y los duendes.

Estos seres, a su vez, están guiados y protegidos por ángeles superiores a ellos.

- Los seres humanos están protegidos y guiados por los ángeles.

- Los seres elementales, son entes muy básicos de la cadena dévica. Se encuentran en todos los reinos. De ellos destacan los seres "elementales constructores", encargados de formar o construir la parte etérica de todas las cosas.

CAPÍTULO 10

LOS COROS ANGÉLICOS

He aquí la descripción del mundo angélico, tal y como me la enseñó el experto en ángeles argentino:

Se llama "CORO" a cada grupo de ángeles que ocupa el mismo lugar y actúa de la misma forma ante Dios. (Parece ser que les llaman coros porque cantan ante el Señor).

Existen 9 Coros, que ocupan tres espacios diferentes, (desde más cerca de Dios a más cerca de los hombres):

♦ En el Tercer Cielo, encontramos:

> Serafines.
> Querubines.
> Tronos.

♦ En el Segundo Cielo, los "Ángeles de Permanente Servicio":

(Estos son los más cercanos al hombre, le ayudan, protegen y guían)

> Dominaciones.
> Virtudes.
> Potestades.

◆ En el Primer Cielo, al lado de los humanos y siguiendo sus pasos:

> Principados.
> Arcángeles.
> Ángeles.

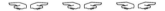

CAPÍTULO 11

EN LOS CIELOS

Vamos a ver los Coros uno a uno, y a conocer para qué podemos invocarles, en qué nos pueden ayudar.

EN EL TERCER CIELO:

Más cerca de Dios encontramos a estos coros:

Serafines
Querubines
Tronos

SERAFINES

Son los seres angélicos que están más cercanos a Dios.

♦ Se les puede pedir ayuda para:

Crecer en lo espiritual.

Para entender cual es nuestra misión.

Para conectar más con Dios.

Son custodios de los lugares Sagrados.

Se les invoca para crecer en la oración, "para que me inspiren y sentir que la oración es un néctar".

Para que la vida espiritual se convierta en un Paraíso sobre la Tierra.

Inflaman a los humanos el Amor Divino y la cualidad del Servicio.

Ellos cantan ante el Señor: "Santo, Santo, es el Señor Todopoderoso El que era, El que es y El que viene "... Kadush...Kadush.

QUERUBINES

(La historia que sigue me gustó mucho cuando la contó el obispo).

Los querubines son bebés con dos alitas. Son ángeles de la 2ª generación, es decir: no creados por Dios, como tales. Estos ángeles han sido dragones, que en un momento dado, se han convertido a Dios.
Por eso son los que tienen más fuerza.

Dice la tradición judía, que al convertirse y pasar a servir a Dios, éste dijo que en su forma habitual no podían hacerlo, ya que asustarían a la gente, así que buscó una nueva forma para ellos.

Dios vio al bebé de Eva y le gustó, decidiendo hacerlos parecidos. Así pues, a partir de ese momento adquirieron esa forma.

Se les convoca por su sabiduría (saben mucho de los Misterios Divinos).

Son Musas; inspiradores en cuanto al arte y a las creaciones.

Son los únicos que tienen permiso para jugar.

Vienen por parejas. Se les convoca para tener alegría. Para que un encuentro espiritual (por ejemplo) sea una fiesta y no un aburrimiento.

Para que el amor crezca en las personas. (Por ejemplo, entre ellos tenemos a un conocido representante: Cupido).

TRONOS

Es el grupo de ángeles más grandes que Dios creó. Algunos miden cientos de Km.

Tienen alas circulares de muchos colores.

Son inmensos.

Se les convoca para obtener: paciencia, perseverancia, fuerza interna, poder de convicción, y poder hablar correctamente.

> También para que "uno se de cuenta de sus propios errores".

EN EL SEGUNDO CIELO:

ÁNGELES DE PERMANENTE SERVICIO

Dominaciones
Virtudes
Potestades

DOMINACIONES

Son los ángeles más bellos que hizo Dios.

Son los ángeles médicos, a ellos les debemos la salud del cuerpo.

Son los únicos ángeles que bailan, que danzan en el cielo.

> Se les puede invocar para la danza, o la expresión corporal.
>
> También para colaborar con quienes curan con las manos.

VIRTUDES

Tienen carita de niño y dos alitas.

Son ángeles muy rápidos.

Se les convoca para operar milagros.

Cuando creemos que lo que necesitamos es:

"simplemente un milagro".

(Imagen de las Virtudes de Dios)

POTESTADES

Son los ángeles guerreros.

Su aspecto es el de "Caballeros de la Edad Media".

Las Potestades nos defienden de la energía astral inferior.

EN EL PRIMER CIELO:

Los siguientes 3 coros, son los que están más cerca de los humanos:

Principados
Arcángeles
Ángeles

PRINCIPADOS

Son ángeles, tres veces más altos que un ser humano.

Son muy elegantes.

Tienen una particularidad que los distingue de los demás ángeles, que es la de ser un poco distintos los unos de los otros.

Gobiernan sobre los "Espíritus de la Naturaleza": Hadas, Duendes, Dragones, y por tanto sobre los incendios, lluvias, terremotos, las estaciones.

Podemos convocarlos cuando tenemos a los animales y las plantas enfermos.

Cuando nace una criatura, hay un Principado al lado de la mamá, para que el nacimiento sea bueno.

Son los ángeles de la VIDA.

ARCÁNGELES

Son 8 ángeles. Todos tienen categoría de Santo y rango de Príncipe.

Todos llevan corona.

Dios los sacó del coro de los serafines, son de 2ª generación.

(Vamos a verlos más detalladamente en el siguiente capitulo).

ÁNGELES

Son los seres que componen el grupo base de ayuda a la humanidad.

A algunos se les denomina Ángeles de la Guarda o Ángel Custodio.

En la imagen Susi y María

CAPÍTULO 12

LOS ARCÁNGELES

Los arcángeles me han acompañado intensamente en mi vida.

Los he canalizado en infinidad de ocasiones. Últimamente viene mucho a visitarnos el Arcángel Miguel.

El Arcángel Uriel le dictó un libro a través de mi, a una buena amiga que lo editó, el libro tiene como título "ENSEÑANZAS DE URIEL" (de Ascensión Calatrava).

ഗര

ARCÁNGEL MIGUEL

En la Iglesia se le sitúa en el lado SUR, para proteger esta entrada de las energías discordantes.

Su nombre significa: "Quién como Dios" o "Parecido a Dios". Es el Jefe de las Potestades, Jefe Supremo, "Príncipe de las Huestes Celestiales".

Se le representa con una balanza en la mano, donde tiene una pluma en un lado y en el otro tu corazón, al que pesa cuando te mueres, para saber: "cuánto amor has dado a los demás a través de tu corazón".

De esta forma también se representa a Anubis, en Egipto, relacionándolo con la Estrella SIRIO.

Hablan de él en: "El Libro de Daniel", capitulo 10.

Es el primer soldado de Dios.

Se le convoca cuando hay mucha maldad.

Su espada es una criatura de poder, se la regaló Dios.

El arcángel Miguel es custodio de aves, y de algunas ciudades como París, también es protector de los judíos.

Imagen del Arcángel Miguel, canalizado por Susi – febrero 2012

℘ℭ

ARCÁNGEL GABRIEL

Protege el lado NORTE, en la Iglesia.

Su nombre significa "Héroe de Dios", "La fuerza de Dios". Se le denomina también: "Anunciador de Maravillas", ya que anunció la llegada de Jesús.

Es el ángel de la Revelación. Rige la sabiduría espiritual.

Es portador de buenas noticias. Lleva una lanza.

Donde él viene instala el Paraíso por un rato. Da gusto estar con él.

Es el Jefe de los Querubines.

Le convocamos, principalmente, cuando tenemos que tomar decisiones de tipo espiritual.

Se ocupa del pasaje de las almas al cielo.

El nos da instrucciones antes de nacer.

Podemos leer algo sobre él en el pasaje de "Daniel salvado de los leones", ya hace 2.500 años.

෨෬

ARCÁNGEL RAFAEL

En la Iglesia se le coloca en el lado OESTE, protegiendo esta zona.

Su nombre significa "Dios Cura", "Divino Curador", "Medicina de Dios".

Es el Jefe de las Dominaciones y también, el Jefe de los Ángeles de la Guarda.

Es la fuerza oculta tras toda curación.

Es el más elegante y el más humano de todos los ángeles. Se ocupa de los peregrinos, lleva una vara de peregrino, sandalias, un odre con agua y una alforja.

La Vara es un Ser.

Se habla de él en el Libro de Tobías.

Se le convoca para la sanación.

Es protector de las familias, de las parejas, de los peregrinos y de los viajes.

෨෬

ARCÁNGEL URIEL

En la iglesia se le sitúa en el ESTE, para proteger este sector.

Su nombre significa: "Luz de Dios". Transmite a los humanos la Luz del Conocimiento de Dios.

Es el Jefe de los Principados. Era muy famoso, querido, amado, primera figura pero, por este motivo, la Iglesia prohibió su "hiperdulia"(exceso de adoración), prohibió la celebración de su día.

"El Libro de Enoch" nos cuenta muchas cosas de él.

Se le puede convocar para cuestiones relacionadas con lo vital, o problemas de soledad, o de amor.

A los 4 arcángeles que quedan no se les puede convocar, no se les debe molestar.

Tienen una misión para toda la humanidad.

Se les denomina: **ARCÁNGELES DEL MISTERIO.**

CAPÍTULO 13

OTROS ÁNGELES IMPORTANTES

METATRÓN

Es el Rey de los ángeles.

Encarnó como Enoch, "quien fue arrebatado por Dios al cielo".

Es el secretario de Dios, registra todo cuanto acontece.

A Metatrón se le denomina: "Príncipe del Rostro Divino".

Es el encargado de la subsistencia de la especie humana. El lazo de unión entre lo humano y lo divino.

Le podemos considerar el ángel más alto del cielo, reside en el séptimo cielo (la morada de Dios).

Se le atribuye: "el poder supremo de la riqueza".

ᘓᘖ

RAZIEL

Este nombre significa: "Dios es mi bienestar".

También se le denomina: "Secreto de Dios", "Ángel de los misterios".

Es el guardián de la originalidad.

Trabaja los remedios curativos, las plantas medicinales.

Le entregó a Adán un libro con las plantas medicinales del mundo.

CAPÍTULO 14

DIFERENCIA ENTRE ÁNGELES Y GUÍAS

Mucha gente me pregunta: ¿me acompaña un ángel o lo hace un guía?, ¿qué diferencia existe entre ambos?, ¿por qué me corresponde uno u otro?

La respuesta es sencilla, denominamos "GUÍA": a todo Ser que nos acompaña, nos protege y nos da su Luz y sus consejos.

Así, pueden ser guías nuestros: un familiar fallecido, un Maestro Ascendido, un ser de otros planetas o un ángel, por ejemplo.

Es decir, un ángel puede ser tu guía, como lo pueden ser otros seres.
La diferencia es que un ángel, es un ser de la cadena Dévica y los demás, son seres de la cadena Solar.

CAPÍTULO 15

FORMAS DE LOS ÁNGELES

Existen muchas teorías con respecto a los ángeles y sus formas, pero un día, en mi caso particular, me llevé una gran sorpresa: estaba efectuando una meditación en el Reino Angélico, cuando se presentó ante mi un indio con todas sus galas y pinturas, me tomó de la mano diciéndome: "Ven". Le seguí, un tanto sorprendida e intrigada, por saber dónde me iba a llevar.

De pronto, vi ante mi un gran árbol, inmenso y fantástico, muy verde y frondoso. Alrededor del árbol, danzaban, reían y jugaban montones de ángeles. De hecho el indio que me llevaba además del plumaje de Gran Jefe, tenía 2 enormes alas blancas.

Me dijo: "Mira. ¿Lo ves?". Y, señalando donde estaban sus compañeros continuó: "La gente se cree que todos somos rubios y de ojos azules, en cambio eso no es así".

Miré el espacio que señalaba y vi alrededor del árbol: ángeles, algunos con alas y otros sin ellas, pero todos tenían diferentes formas y colores. Era un arco iris cromático de razas y seres, cuya variación tan peculiar era realmente sorprendente. Parecían de diferente color de piel (o recubrimiento energético) y variado sexo. Algunos por su configuración parecían, incluso, de otro planeta.

El ángel vestido de indio continuó:

"Dile a toda la humanidad, que nosotros tomamos distintas formas y colores, y no sólo aquella que tenéis por modelo"

Y dejándome con mi sorpresa, se fue a danzar, reír y jugar con sus compañeros.

CAPÍTULO 16

LOS ÁNGELES Y SUS ALAS

Esta pregunta me la han hecho muchas personas en mis cursos. Yo también me hacía la misma pregunta.

Muchas veces la gente me comentaba que realmente los ángeles no tenían alas, ya que la teoría moderna nos dice que, lo que pensamos que son alas, en realidad son dos prolongaciones energéticas o dos fuentes de energía.

Ante la duda yo se lo pregunté directamente a mis ángeles: "¿Los ángeles tenéis alas?". Como respuesta me llevaron a un lugar donde había un grupo de 5 ó 6 ángeles arqueros. Todos practicaban el tirar flechas a una diana.

Sus vestidos eran blancos, preciosas túnicas de gran luminosidad, los arcos y las flechas dorados y su rostro andrógino, de pelo rizado, rubio o moreno. Al mirar con profundidad pude observar en ellos, dos preciosas y enormes alas blancas. Quietas, relajadas.

Por lo que yo, ya obtuve mi respuesta:

Si, los ángeles tienen alas.

Otra cuestión, también muy comentada sobre los ángeles, es que: "deben ganarse las alas".

Es decir, se tienen tantos pares de alas o se tienen tan grandes o tan pequeñas, de tal o cual color, según el servicio que deban hacer y lo bien que se haya podido efectuar.

En este aspecto vemos ángeles enormes en cuanto a tamaño y en cuanto a sus alas. Por ejemplo: "Amor de Dios", el ángel que está siempre conmigo en mis sesiones, es de gran tamaño. El día que se manifestó ante mí, yo tuve que levantar mi cabeza y mirar por encima del techo de la habitación, a 1 metro o dos más de altura.

Recuerdo su imagen tan bella y tan perfecta, con sus enormes alas.

Me fijé bien, extrañándome, ya que tenían algunas plumas azules y otras doradas, refulgentes, como ya os he comentado al principio del libro.

Era maravilloso ver la combinación de azul y dorado en sus alas.

Imagen de Susi y Titania

CAPÍTULO 17

ÁNGELES ENCARNADOS

Los ángeles pertenecen a una cadena (la cadena dévica) y los humanos a otra (la cadena solar), y por tanto es casi imposible que se mezclen.

En algunas situaciones especiales, a lo largo de la vida de nuestro planeta, algunos ángeles han tomado un cuerpo humano. Naciendo y viviendo como un ser humano normal.

En los momentos actuales, en los que el planeta está preparándose para el avance a la 4ª dimensión, dado que ellos son seres de esta dimensión, los envía el Creador y encarnan en un vehículo físico, para poder ayudar a la humanidad a pasar esta prueba y conseguir este avance.

♦ Pero, **¿qué características tienen los ángeles encarnados?**

En primer lugar, un ángel en su plano dimensional tiene unas características, que traerá a este plano. Por ejemplo:

Si pertenece a las Huestes de las Dominaciones, (ángeles sanadores), en cuerpo humano, su interés será la medicina, la enfermería, naturopatía, sanación por imposición, etc.

Si es un Serafín, (ángeles cantores), será un cantante, tanto profesional, como aquel que canta en el coro de la iglesia. (O puede ser que solo cante en la ducha, jajajaja).

Si son Potestades, (ángeles de la justicia), será abogado, juez, guardaespaldas, policía, del ejército. (O defenderá a sus amigos ante la injusticia).

Los Querubines serán seres juguetones y buenas "celestinas" o amorosos amigos y muy simpáticos. (Es el gracioso de la clase, el que le cae bien a todo el mundo).

Los ángeles son seres creados para el servicio, así que esto es lo que nos van a mostrar a lo largo de su vida, estén en cualquiera de los coros en su estado angélico.

♦ **¿Tienen problemas los ángeles encarnados?**

Hay varios problemas con los que se enfrentan:

Por una parte tienen una falta de adaptación al resto de los humanos.

Sienten profundamente la FALTA DE AMOR. De ese amor tan especial que sienten en su corazón y que no tiene nada que ver con lo que observan a su alrededor. Este aspecto les hace llorar muchas veces, y preguntarse: ¿Por qué son así los humanos?

También les lleva a buscar continuamente ese "gran amor". Cuando conectan con la energía crística, llegan a ser muy felices.

Otra cuestión que les puede traer problemas es ese Amor Universal, que no reconoce fronteras y por tanto sexos. Es decir, pueden enamorarse tanto de un hombre como de una mujer, porque sólo ven en él o en ella su interior,  como ser de Luz que somos todos, o simplemente porque irradian amor continuamente.

También por ese motivo, mucha gente se enamora de ellos y no saben decir que no a nadie, ello les puede crear serios problemas de celos entre sus amistades.

Imagen de María y Titania

ক্ষ ক্ষ ক্ষ

CAPÍTULO 18

NOMBRES DE LOS ÁNGELES

Los ángeles, hablan un lenguaje particular y por tanto, sus nombres, tienen a veces sonidos impronunciables por nuestra garganta.

Por ello, suelen adoptar algún nombre de más fácil pronunciación, por ejemplo, algún nombre habitualmente conocido, o bien el de algún santo de nuestra confianza, también suelen utilizar el nombre por el que conocemos al Arcángel, Jefe de sus huestes angélicas.

En este caso a veces llegamos a una confusión, cuando se hacen llamar: Gabriel, Rafael, Uriel o Miguel, los más nombrados, porque nos hace pensar que tenemos por guía al arcángel, cuando no es así, sino que es un ángel que pertenece a sus huestes.

Otras veces adoptan nombres de las cualidades que representan.

Por ejemplo, hay ángeles llamados: "Confianza", Claridad", "Apertura", etc.

Hay quienes tienen nombres que representa las cualidades de Dios: "Gracia Divina", "Amor Divino", que ellos transmiten, o, son portadores de estas energías.

CAPÍTULO 19

LOS ÁNGELES EN LA VIDA DIARIA

Los ángeles y guías se pueden manifestar de muchas maneras en la vida diaria. Nosotros podemos elevar una pregunta a nuestro ángel y él se encarga de hacernos llegar la respuesta. ¿Cómo? Puede ser de muchas maneras:

- ♦ A través de un libro.
  Por ejemplo: Planteamos la pregunta y tomamos un libro. Lo abrimos pensando en la pregunta y leemos inmediatamente lo escrito e intentamos analizarlo, e interpretar el mensaje que nos emiten a través de ello.

- ♦ Pueden ser esos policías o bomberos, que aparecen en un momento determinado en que los necesitamos.

- ◆ Es el ser invisible que gira nuestro volante para evitar que choquemos.

- ◆ Es quien nos hace pasar por una calle donde nos vamos a encontrar con un amigo.

- ◆ Nos hace sentar en un determinado lugar en el autobús.

Es decir, ellos tienen el programa que tenemos que hacer para esta encarnación y se encargan de que lo sigamos, provocando las coincidencias, contestando a nuestras preguntas o moviendo todo a nuestro alrededor: familia, casa, trabajo, para que se dé lo esperado para nosotros en nuestro propio plan y todo ello bajo el Plan Divino.

En la imagen: Susi y su familia

CAPÍTULO 20

ESPACIO / TIEMPO PARA LOS ÁNGELES

Los humanos usamos el reloj para medir el tiempo y lo hacemos en base al día y a la noche, pero los ángeles no tienen día, noche, horas, etc. se rigen por otros parámetros que son totalmente incomprensibles para nuestra mente humana.

Ellos no nos ven como Juan o Luisa, con el cuerpo que tenemos ahora, sino que miden su tiempo con nosotros uniendo nuestras encarnaciones y sintiéndonos como un todo, como una entidad, como un Ser.
Por eso cuando nos dan un mensaje, su código de tiempo siempre es: "PRONTO". (Pronto llegará tal o cual cosa).

El espacio tampoco lo miden en la misma forma que nosotros, ya que no se rigen por los límites estructurales de la 3ª dimensión.

En su plano, las paredes se atraviesan, no son tan densas y por lo tanto todo es espacio.

También pensemos que lo recorren con la rapidez del pensamiento. No existen las distancias para ellos.

Imagen: Titania y María

TERCERA PARTE

COMO TRABAJAR CON LOS ÁNGELES

Veamos una forma de trabajar con los ángeles, para que se efectúe a través de nuestra Presencia o Yo Superior.

CAPÍTULO 21

PREMISAS BÁSICAS

Ya hemos mencionado al hablar de la Cadena Solar que nosotros, los Seres Humanos, estamos conformando, a través de nuestro aprendizaje, el denominado: Vehículo Superior, Yo Superior o Presencia.

Este vehículo, como es lógico, tiene mayor sabiduría, conciencia y trabajo interno efectuado, así que va a ser lo primero que vamos a incorporar para trabajar.

Para ello, usaremos unas frases especiales, denominadas "Premisas Básicas", que son una llamada a la tranquilidad, al equilibrio y a la incorporación de dicho vehículo.

También utilizaremos un código, un elemento, que nos permita hacer un paréntesis en nuestra vida, para efectuar estos ejercicios. Este código será un mudra, (los mudras son gestos energéticos), que en este caso va a ser la unión del índice con el pulgar, que haremos con la mano izquierda, para abrir el ejercicio, y con la derecha cuando terminemos.

Con respecto a las Premisas Básicas vamos a explicarlas una a una, la primera es:

"Yo Soy Equilibrio en Acción".

Cuando decimos esta frase, trabajamos nuestro equilibrio interno. Le pedimos a nuestra parte emocional y a la mental que se relajen, permitiéndonos efectuar el ejercicio, sin intervenir.

Seguimos:

"Pido Energía de Purificación".

Lo ideal, para trabajar con los ángeles sería estar limpios y puros al máximo. Dada la dificultad que ello entraña, debido a la densidad de nuestro planeta, pedimos al universo que a través de su Luz, nos limpie y purifique con intensidad. Después de esta frase, sentiremos una fina lluvia de Luz Dorada.

Tómate el tiempo que necesites para sentirte BIEN, hasta pronunciar la siguiente frase:

"Abro mi canal a la Luz".

Abrimos la puerta de nuestro corazón y nuestra mente, a la energía de la Luz, a lo más elevado.

A continuación:

> **"Pido a mi Vehículo Superior.**
>
> **Que tome el mando.**
>
> **De mis vehículos inferiores.**
>
> **Para hacer este ejercicio".**

Con ello damos paso a nuestra parte más elevada, permitiendo que sea nuestro Vehículo Superior, quien, a través de nosotros, efectúe el ejercicio.

¡Fantástico! ¡Verdad!

Otra frase que veréis a menudo es...

> **"Igualo mi frecuencia, con la frecuencia de..."**

Aquí diremos el nombre de la persona o entidad con quien trabajamos.

Aclaraciones:

La frecuencia es la sintonía con la que conectamos. Es decir, si uno habla inglés y otro alemán, no nos vamos a entender, así que buscaríamos un lenguaje común, si lo hubiera.

Lo mismo ocurre con la frecuencia energética, intentaremos equilibrar la nuestra con la del Ser con quien trabajemos, sin dejar nuestra parte más elevada, (que en este caso podríamos considerar nuestro idioma original, -que no perdemos aunque hablemos otro-).

Estas frases nos las enseñó nuestro instructor de Sirio, y mucha gente ha podido observar sus beneficios.

Debes respirar profundamente entre cada frase y pronunciarlas con fuerza, en voz alta, sintiendo lo que dices.

El Mudra de abrir con la mano izquierda, permanecerá en conexión hasta el término de las invocaciones, cuando empieces el ejercicio.

En cambio el de cerrar, uniendo el índice y el pulgar de la mano derecha, solo lo mantendrás durante unos segundos, al finalizar el ejercicio.

CAPÍTULO 22

COMO PODEMOS INVOCARLES

Con respecto a las invocaciones, quizás algunas te parezcan infantiles o no te gusten, ello se puede solucionar creando tú las formas que creas conveniente, siempre y cuando respetes estas pautas:

- En primer lugar, decimos **"A QUIÉN"** invocamos.

- En segundo **"PARA QUÉ"** le invocamos.

- Y en tercer lugar **"CUÁNDO"**, es decir, le damos un código de tiempo, ya que a veces no efectuamos la invocación para que se cumpla o vengan inmediatamente, sino para otro tiempo.

- Es interesante finalizar la frase con entrega y cariño. Por eso decimos: **"Estoy a vuestra disposición"**.

★ En todos los ejercicios es conveniente decir esta frase que te anoto aquí. (Es interesante recitarla siempre que efectúes una invocación).

"En armonía con el Universo, con Permiso del Consejo Kármico y en cumplimiento del Plan Divino sobre la Tierra".

Mientras sigas estas pautas, todo irá sobre ruedas. Espero que crees tus propias invocaciones.

CAPÍTULO 23

SALUDAR Y DAR LAS GRACIAS

Saludo a los Ángeles

Cuando empezamos cualquier ejercicio, es sumamente importante, saludar a los guías, darles la bienvenida.

Podemos simplemente saludarles, o también, pedirles su ayuda, protección y guía durante la clase o el ritual.

(Podemos decir todo aquello que consideremos necesario, aquí os pongo un ejemplo).

Nos dirigiremos a ellos, cerrando los ojos, respirando profundamente y diciéndoles:

"Saludo a los Ángeles, Guías y Seres de Luz, que me acompañan.

Les pido su ayuda, consejo, protección y guía.

También les pido apertura mental y claridad para entender.

Apertura en el corazón, amor para irradiar y capacidad para ser un canal de su Energía.

Sed bienvenidos a este encuentro".

Dar las gracias

Siempre que terminamos un ejercicio o un ritual, debemos dar las gracias a todos los ángeles, guías y seres de Luz, que nos han acompañado.

Lo podemos hacer de la siguiente manera:

"Damos las gracias a todos los ángeles, guías y seres de Luz, que nos han acompañado en esta sesión.

Y les pedimos que nos sigan acompañando en nuestra vida diaria, para que podamos evolucionar y seguir siempre el camino recto, hacia la Luz, efectuando lo que el Plan Divino nos tenga designado.

Gracias, de todo corazón".

Es muy importante saludar y dar las gracias, al iniciar y terminar nuestros ejercicios o rituales.

Nuestros guías estarán muy contentos y ello es necesario, ya que trabajan con sumo interés y atención por nosotros.

Además de esta manera, ellos tienen nuestro permiso para actuar en la sesión, ya que si no se lo concedemos, ellos no pueden hacer más que lo que está en nuestro programa.

Susi con María Teresa Salvia

CAPÍTULO 24

PRELIMINARES

Invocar es llamar, es pedir la asistencia en este caso, de los Seres de Luz.

Las invocaciones se harán de pie o sentados, pero siempre en voz alta, con claridad y fuerza, tomando conciencia de los Seres a quien nos dirigimos y de nuestra propia energía al hacerlas.

Proceso habitual a seguir en las invocaciones:

- Conseguir un espacio silencioso y tranquilo.

- Encender velas de colores claros e incienso.

- Cerrar los ojos.

- Respirar profundamente.

- Mudra de abrir el ejercicio, con la mano izquierda.

- Premisas Básicas.

- Igualar frecuencias con el coro o ángeles correspondientes.

- Si es necesario para el trabajo, igualar frecuencia con los Rayos Manásicos u otros elementos a trabajar.

- Dejar el mudra, relajando la mano.

- Invocación, repitiendo cada frase 3 veces, con fuerza y claridad, profundamente. (Aunque se pueden repetir más veces).

- Efectuar el ejercicio, trabajo o ritual.

- Pedir que sea en armonía con el universo, con permiso del Consejo Kármico y en cumplimiento del Plan Divino sobre la Tierra.

- Dar las gracias a todos.

- Hacer el mudra de cerrar, con la mano derecha.

- Dejar el mudra, relajando la mano.

- Respirar profundamente varias veces antes de abrir los ojos, asimilando la energía de estos seres, o su enseñanza.

Es conveniente, que realicemos siempre después de hacer los ejercicios, lo siguiente:

- Beber agua.

- Estar un rato tranquila y relajadamente. No hacer ejercicios ni movimientos bruscos, ya que impiden que se asimile bien la energía.

- No hablar más que lo necesario. Permanecer en silencio y reflexión lo máximo posible. (Podemos poner una música suave).

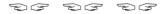

CAPÍTULO 25

UN LUGAR DE COMUNICACIÓN EN CASA

Para hablar con los Guías es mejor hacerlo en el lugar y momento adecuados. Ellos siempre le piden a la gente, que cuando les quieran comunicar o pedir algo, que no sea andando por la calle. Es más conveniente hacerlo de manera seria, equilibrada y tranquila.

A veces pedimos una cosa y a los 5 minutos pedimos otra, tenemos que tener bien claro lo que queremos hablar, o qué ayuda vamos a pedir a los ángeles o guías.

Para ello, buscaremos un lugar adecuado en casa, un lugar mágico, un espacio para conectarnos con la Luz, un lugar muy, muy especial. Procuraremos que sea siempre el mismo, que tenga las imágenes de los Seres de Luz que más nos gustan y que, siempre que sea posible, haya una vela y un incienso encendidos (¡cuidado con el tema de mantener las velas encendidas sin estar atentos!).

Si siempre usamos ese lugar, los Seres de Luz establecen allí un canal de comunicación permanente, y cuando nos sentemos allí, sentiremos la fuerza y la energía que Ellos han irradiado. Incluso lo sentiremos en toda la habitación y en toda la casa.

Para conectar, nos sentaremos y prepararemos, en primer lugar, lo que vamos a explicar, pedir, comunicar, etc. marcando la pautas por escrito, para tenerlo claro.

Una vez esté todo listo, encendemos la vela y el incienso.

Respiramos profundamente y hacemos el mudra, las Premisas Básicas e igualaremos frecuencias con nuestro ángel o guía diciendo:

"Igualo mi frecuencia con la frecuencia de mi guía personal".

Una vez relajados y tranquilos, establecemos la conversación que tenemos preparada.

Al terminar, nos quedamos relajados y en silencio, intentando hacer el vacío en la mente, ya que, entonces, pueden llegar las respuestas.

Existen numerosas formas de hacérnoslas llegar: telepáticamente, a través de una intuición, quizás recibamos que tenemos que levantarnos a buscar un libro y abrirlo en determinada página (por ejemplo).

Existen muchas y variadas formas de establecer la comunicación.

Es interesante tener lápiz y papel a mano para anotar lo que nos venga a la mente.

Al terminar, haremos el mudra de cerrar y tras una respiración profunda, regresaremos al aquí y ahora.

Daremos gracias a los Seres de Luz por estar con nosotros.

CUARTA PARTE

COMUNICACIÓN CON LOS ÁNGELES

Aquí empezamos un trabajo de interacción.

Verles, escucharles y trabajar con ellos.

CAPÍTULO 26

VISUALIZACIÓN GUIADA: VER AL GUÍA Y ABRAZARLE

Esta visualización y la siguiente están grabadas en un CD que puedes adquirir y te será más fácil efectuar el ejercicio.

ഠരു

Cerramos los ojos y nos relajamos.

Hacemos el mudra, (uniendo el índice y el pulgar de la mano izquierda) y las Premisas Básicas, respirando profundamente y sintiendo cada frase.

"Yo Soy, equilibrio en acción".

"Pido, energía de purificación".

"Abro mi canal a la Luz".

> "Pido a mi vehículo Superior,
>
> que tome el mando,
>
> de mis vehículos inferiores,
>
> para hacer este ejercicio".

"Igualo mi frecuencia con la frecuencia de mi guía personal".

Pedimos a la Presencia o Yo Superior, que nos presente la visión de nuestro guía:

> "Pido a mi Presencia que me permita visualizar a mi guía".

También le pedimos a nuestro guía personal que se manifieste:

> "Pido a mi guía personal, que se manifieste a través de esta visualización".

Y dejando el mudra, muy relajados, nos ponemos cómodos.

Nos concentramos en nuestra pantalla mental, en ella vemos una imagen marina.

Un bello y tranquilo mar y una hermosa ave blanca en el cielo, (puede que veamos una paloma, una gaviota o un águila), volando lentamente.

Observamos el ave y la vemos volar un ratito, hasta que tengamos claridad en dicha imagen.

Nos concentramos en ella y la acercamos, como si tuviéramos un "zoom" de ampliación de imagen.

Ahora la vemos muy cerca.

Esta ave recibe un rayo de Luz Dorada del Creador, y empieza a transformarse.

Poco a poco se forma una nítida imagen en tu pantalla mental. Es tu Guía personal, manifestándose.

Si no lo puedes ver claramente, intenta sentir su Energía, su Luz, su calor, su amor, su entrega.

Ahora puedes decirle todo aquello que piensas y sientes, sobre todo respecto a él o ella.

¿Puedes sentir si su energía es masculina o femenina?, ¿Cómo lo percibes?

Bien, es momento de preguntarle su nombre y pedir consejos o ayuda.

Y sobre todo, es momento de dar las gracias por su paciencia, su entrega, su bondad, su dedicación y todo su amor.

También es momento de prometerle mayor atención a sus mensajes, tanto directos como indirectos.

Vamos a pedirle, ahora, un cariñoso y afectuoso abrazo.

Sentimos su calor. Quizás una presión en nuestros hombros o brazos.

Una sensación de bienestar.

O de Paz Interna…

Quédate así un rato, sintiendo esa Energía.

Bien. Dale las gracias y despídete de él.

No te preocupes, ya que tu guía va a seguir a tu lado mientras lo necesites.

Y ahora hacemos el mudra de cerrar, (uniendo el índice y el pulgar durante unos segundos) de la mano derecha, para dar por terminado el ejercicio.

Poco a poco vas abriendo los ojos y regresando al aquí y ahora, dando gracias a tu Presencia y a tu Guía por este ejercicio.

LUZ, PAZ Y AMOR

Toma nota en tu cuaderno de lo que te parezca importante en esta visualización.

CAPÍTULO 27

MEDITACIÓN EN LAS ALAS ANGÉLICAS

Este ejercicio está grabado en un CD que puedes adquirir a través de Susi.

Cerramos los ojos. Respiramos lenta y profundamente, hacemos el mudra y repetimos con fuerza, pero sin elevar demasiado la voz, las Premisas Básicas:

"Yo Soy, equilibrio en acción".

"Pido, energía de purificación".

"Abro mi canal a la Luz".

"Pido a mi vehículo Superior,

que tome el mando,

de mis vehículos inferiores,

para hacer este ejercicio".

"Igualo mi frecuencia con la frecuencia de mi guía personal".

Respira, relájate.

"Pido a mi Vehículo Superior, que me ayude a sentir las alas de los ángeles".

Dejamos el mudra y nos conectamos internamente con nuestro ángel.

Empezamos a hacer de 5 a 10 respiraciones lentas y profundas, sintiendo que nuestro nivel de energía se equilibra con el de nuestro ángel personal.

Poco a poco irás sintiendo, cómo ese maravilloso Ser de Luz, está detrás tuyo, en tu espalda. Siente su protección, su calor y su cariño.

Relájate y respira.

Siente que te puedes apoyar en El, no de una forma física, pero si energética.

Que El te comprende, y es tu compañero eterno, tu compañero de juegos y de crecimiento interior.

Verás cómo, con gran belleza y lentitud, despliega sus alas y te rodea con ellas.

Siéntelas. Observa tus sensaciones en su interior.

Así estarás acogido y amparado, siempre que tú y Él lo deseéis.

Observa tu corazón. ¿Qué sientes?

Déjate llevar por tus sensaciones.

Ama a tu ángel. Hazle sentir tu amor.

El es entrega y servicio manifestados.

El es el límite del Amor.

Es la entrega máxima, y en este momento lo está manifestando hacia ti.

Hacia ti con tanto Amor y tanto cariño como no has sentido jamás.

Relájate, déjate ir y siente...

Sonríe a tu ángel y siente que eres su cómplice.

Sois compañeros en la Luz, El te ayuda y te apoya, y tú le permites efectuar un servicio al Creador, sirviéndote a ti.

Sé humilde y alegre con El. Compartid los momentos de alegría,

Y dale las Gracias por hacer más llevaderos tus instantes de tristeza.

Únete a El en la Luz. Sé uno con El.

Siente la fusión en el Amor, en estos instantes.

Siente su Luz, su Fuerza, su Amor, su Poder, toda su energía manifestándose a través de ti.

Permite que esto ocurra. Que éste sea el día más maravilloso de tu vida.

Vive estos instantes únicos, y confía.

La Luz te ilumina y sigue tus pasos por el sendero del Amor y de la Creación.

Al terminar este contacto, es muy importante darle las gracias, a tu maravilloso ángel. Al Ser de Luz que te acompaña y que te entrega todo su amor y cariño.

Sé generoso en dar las gracias. No escatimes.

Ves regresando con mucha suavidad al aquí y ahora del presente, pero todavía no abras los ojos.

Relájate, respira.

Efectúa el mudra de cerrar con la mano derecha.

Y después de 2 ó 3 respiraciones profundas despídete de este contacto con Amor y con cariño.

Luz, Paz y Amor

Imagen de Susi con Titania

CAPÍTULO 28

TELEPATÍA CON EL GUÍA

Nuestro guía nos envía mensajes mentales, que a veces confundimos con nuestros propios pensamientos, otras con la voz de la conciencia y otras muchas ni siquiera nos paramos a escuchar. Pero, ¿cómo podemos distinguir nuestros propios pensamientos de los consejos de nuestros guías?

Los ángeles han ideado un sistema que voy a compartir contigo.

Lo ideal sería relajarse, hacer el vacío mental y pedirle a tu guía que introduzca en ese momento sus pensamientos.

Como para hacer el vacío mental hay que estar muy preparado, lo haremos al revés, llenaremos nuestra mente con una palabra muy especial:

A M O R

La palabra AMOR en sí, ya tiene una frecuencia vibratoria, que impide que se introduzca otra fuerza que no tenga la misma vibración. Será una protección.

Bien, lo haremos en forma de ejercicio siguiendo las pautas que siguen:

(Lo haremos así la primera vez, cuando ya hemos establecido el contacto, no precisaremos hacerlo en esta forma).

🙰🙵

♦ Proceso:

Sentados o acostados, pero muy relajada y tranquilamente.

Respiración profunda, ojos cerrados.

Hacemos el mudra con la mano izquierda y repetimos las Premisas Básicas:

"Yo Soy, equilibrio en acción".

"Pido, energía de purificación".

"Abro mi canal a la Luz".

"Pido a mi vehículo Superior,

que tome el mando,

de mis vehículos inferiores,

para hacer este ejercicio".

Respirando entre ellas y parando el suficiente tiempo para asimilar cada frase.

Igualo mi frecuencia con la frecuencia de mi guía:

"Igualo mi frecuencia con la frecuencia de mi guía personal".

Vamos a pedirle al guía que introduzca una palabra en nuestro pensamiento:

"Pido a mi guía personal que introduzca una palabra en mi pensamiento".

Una vez dicho esto, empezamos a pensar en esta palabra y a repetirla internamente:

AMOR AMOR AMOR AMOR

Hasta que, de pronto, una palabra distinta nos llegue, cuando esto ocurra, abrimos inmediatamente los ojos y tomamos nota de la palabra que nos ha dicho.

Es muy importante abrir inmediatamente los ojos porque de no ser así, nuestra mente empieza a actuar diciendo: "¿He sido yo?" o cualquier otra cuestión, dudando de lo sucedido.

◆ Seguimos avanzando:

Ahora le pediremos al guía su nombre diciendo:

> "Pido a mi guía personal que introduzca su nombre en mi pensamiento".

Una vez dicho esto volvemos a concentrarnos, con los ojos cerrados, en repetir la palabra AMOR, hasta que aparece el nombre del guía en nuestros pensamientos.

Vamos a seguir trabajando, pero teniendo en cuenta continuamente que lo que hacemos es simplemente un entrenamiento, y por tanto no debemos tener certeza 100% de que nuestra recepción es ya perfecta.
En un principio, lo tomaremos como un juego, como un entrenamiento.

ℰↄℭℜ

♦ El siguiente paso es:

Pedirle que responda SI ó NO a alguna pregunta. (Como estamos entrenándonos, la pregunta no tiene que ser muy importante sino algo poco trascendental):

> "Pido a mi guía personal que me conteste Si o NO a la siguiente pregunta"…

Formulamos la pregunta y cerramos los ojos, concentrados en la palabra AMOR.

Cuando nos responda abrimos inmediatamente los ojos y anotamos.

৪)ও

♦ En la siguiente práctica, le hacemos una pregunta que no sea fundamental en nuestra vida y que tenga 3 posibles respuestas. Por ejemplo: ¿Mañana me pongo el pañuelo rojo, el blanco o el amarillo?

"Pido a mi guía personal que me de una respuesta de entre estas 3"

Y expresamos la pregunta.

Nos concentramos con los ojos cerrados y repetimos la palabra AMOR.

Al obtener la respuesta abrimos automáticamente los ojos y anotamos.

৪)ও

♦ Si hemos llegado hasta aquí adecuadamente, ya sentimos una mayor confianza y seguridad. Así que, ya por último, vamos a dejar a nuestro guía personal que hable todo lo que quiera, pidiéndole un consejo:

"Pido a mi guía personal que introduzca un consejo en mi pensamiento".

Cerramos los ojos y repetimos mentalmente la palabra AMOR, hasta escuchar los consejos, que anotaremos inmediatamente al terminar, abriendo los ojos.

Después de este ejercicio ya estamos suficientemente preparados para conectar en cualquier otra circunstancia, por ejemplo: al ir en coche, al fregar los platos, etc., pero siempre tiene que ser algún momento en que no nos distraigan muchas cosas.

No olvidemos dar las gracias y hacer el mudra de cerrar.

¡El contacto ya está establecido!

De la mano de la madre Narcisa,
en compañía de mi gran amiga y vecina
Teresa Gilabert – A esta edad, la madre
Narcisa me parecía gigantesca.

CAPÍTULO 29

CONOCER AL DEVA DE TU CASA

Los ángeles se ocupan de proteger a las personas y los devas lo hacen con respecto a la naturaleza. Nuestra casa está llena de elementos: tierra, agua, fuego, aire, eter, y por tanto, tiene: un gran deva como protector de toda la casa, un deva en cada habitación y en ella pequeños devas de cada elemento.

Y si subimos hacia arriba, tenemos al deva de toda la manzana, al del barrio, del pueblo o ciudad, de la provincia, de las montañas, de los valles, del país, y así sucesivamente.

Estos seres están bajo la dirección de un coro de ángeles llamados "PRINCIPADOS".

ഇരു

♦Vamos ahora a conocer al deva de tu casa.

Toma lápiz y papel.

En primer lugar te pondrás cómodamente sentado o tumbado en la cama.

El ejercicio es individual, aunque lo puedes hacer en grupo.

Durante el ejercicio, visualizaremos o imaginaremos que llegamos a la casa y conocemos al deva del lugar. Podemos aprovechar este ejercicio para preguntarle cosas que nos interesen saber, con respecto a la casa, como por ejemplo: ¿Cual es el lugar más adecuado para poner un altar, o un lugar de contacto con los ángeles? O, en que parte de la casa, hay cruces de las líneas Harttman, (lugares donde no tenemos que sentarnos o dormir en ellos). Y sobre todo si necesitan algo en la casa, o les gusta algún tipo determinado de incienso.

ഇന്ദ്ര

♦Cuando tengamos las preguntas preparadas, la vela encendida y el incienso, vamos a empezar:

Cerramos los ojos, respiramos, hacemos el mudra, realizamos las Premisas Básicas:

"Yo Soy Equilibrio en Acción".

"Pido Energía de Purificación".

"Abro mi Canal a la Luz".

"Pido a mi Vehículo Superior,

que tome el mando,

de mis vehículos inferiores,

para hacer este ejercicio".

Igualamos frecuencias con el deva:

"Igualo mi frecuencia con la frecuencia del Deva de mi casa".

Deja el mudra y acomódate

Imagínate que te sitúas en la puerta de tu casa, la abres y allí vas a encontrar al deva. Habla con él, pregúntale su nombre y pasea por la casa junto a él, viéndola desde otra perspectiva, a partir de ahora.

Cuando termines, dale las gracias y haciendo el mudra de cerrar, regresa al aquí y ahora suavemente, con unas respiraciones profundas.

Toma nota de todo lo que te ha dicho inmediatamente, sobre todo, si no confías totalmente en haberlo memorizado.

Y cuando llegues a casa… (si estabas fuera de ella)

Acuérdate de saludar a todos, llamarlos por su nombre y poner las velas e inciensos que más les gusten y que precisen.

CAPÍTULO 30

NOVENAS

Imagen de Susi con Titania

Si, ya sé que a veces esta palabra nos relaciona con la iglesia, de la que algunos nos hemos separado hace un tiempo.
Yo también pensé: "¡Uf!! ¡Volver atrás en el tiempo!".

Pero la verdad es que es algo fantástico que os recomiendo, de todo corazón. Os puedo decir, que son unos momentos de conexión directa, que te llevan a tener una gran paz interior.

Para hacer este ritual, invocando a los ángeles, primero tienes que tener un motivo, una petición, que puede ser para ti o para alguna persona de confianza.

Sobre todo no lo hagas en forma arbitraria, ya que puedes introducirte en el karma ajeno. Así, por ejemplo: "Sé de un vecino enfermo, pues, le hago una novena a las Dominaciones, para su salud". No. Eso no funciona así. Tiene que ser esa persona quien te lo pida. Si esa persona no sabe que haces novenas, si puedes explicárselo, (por si te lo quieren pedir). Pero, te aconsejo, que no lo hagas porque a ti te parece lo mejor, sin que te lo pidan, ¿de acuerdo?

Para hacer la novena necesitaremos lo siguiente:

Lápiz y papel para anotar las novenas. Si tenemos un pequeño bloc especial y exclusivamente para ello, mucho mejor.

Velas blancas, e incienso, a ser posible incienso en grano, (del que se quema con un carboncillo). También aquí es muy importante que mientras dura este espacio, haya mucha tranquilidad en la casa. Desconectemos, pues, el teléfono, o lo que debamos desconectar.

Si, por lo que sea, debemos parar el proceso, no lo podemos seguir donde lo dejamos, sino que tenemos que empezar de nuevo, por eso es importante que no nos molesten.

Tenemos que poner ante nosotros una imagen del Creador: Miká, (si la tenemos), también de otros Seres como: Jesús, María, Buda, Maestros Ascendidos, etc., lo que tu sientas.

El trabajo se puede hacer individual o en grupo, aunque yo te aconsejo que lo hagas en solitario, así te puedes concentrar mejor en tu trabajo.

Bien, pues empecemos:

En primer lugar, anotas en tu libreta a quién vas a hacer la novena, y a qué ángeles vas a dirigir tu petición.

Con la imagen delante, enciendes la vela (esta vela sólo servirá para tus novenas), quemas el carboncillo y pones el incienso, (si gustas, un tiempo antes puedes poner otras velas y encender el incienso, para preparar la sala).

Y empezamos la novena.

Primero, realizas el mudra y las Premisas Básicas.:

"Yo Soy, equilibrio en acción".

"Pido, energía de purificación".

"Abro mi canal a la Luz".

"Pido a mi vehículo Superior,

que tome el mando,

de mis vehículos inferiores,

para hacer este ejercicio".

Igualas frecuencias con el Creador:

"Igualo mi frecuencia con la frecuencia del Creador de este Universo:

Miká".

"Igualo mi frecuencia con la frecuencia de las Huestes Angélicas que voy a nombrar".

Te esperas un momento en silencio, respirando suave y profundamente.

A continuación:

Un Padre Nuestro.

Una Ave María.

Y pasamos a la petición:

"Amado Creador y Fuerzas Cósmicas que te representan.

Si es Tu Voluntad, permite que Tu _____ (Virtud, Dominación, o el ángel que necesitemos)

Acuda en mi ayuda para _____ (aquí nombramos la situación por la cual estamos pidiendo esta ayuda).

Gracias Señor, porque se que harás todo lo posible por concedérmelo.

En armonía con el Universo, con permiso del Consejo Kármico, y si todo ello está en el Plan Divino".

9 Glorias:

"Gloria al Padre.

Gloria al Hijo.

Gloria al Espíritu Santo.

Como era en un principio, ahora y siempre por los siglos de los siglos.

Amen".

Al término de los 9 glorias, una respiración profunda, mudra de cerrar y apagar la vela. El incienso, lo podemos dejar, hasta que por sí solo se apague.

ᔕᗝᙅᖇ

♦Si hacemos varias novenas seguidas, (una detrás de otra):

Al terminar las 9 glorias, apaga la vela, ya que ello nos va a indicar que pasamos de una novena a otra.

No cerramos el mudra, hasta terminar los 9 glorias de la última novena.

Ya sabes, que en la novena se trata de: "efectuar la misma petición durante nueve días". Estos, deben ser 9 días seguidos, si por lo que sea, rompemos este proceso, debemos empezar de nuevo. No es imprescindible que sea a la misma hora, aunque si pudiera ser así, mejor.

Durante estos días, a través de este acto, se va produciendo un vórtice de energía, por eso, no debemos parar el proceso, ocurra lo que ocurra, hasta llegar al final, ni siquiera si ya nos han concedido lo que hemos pedido.

Al término de los 9 días, esperaremos a que lo que hemos pedido se produzca. Cuando esto ocurra, iniciaremos una "novena de agradecimiento".

La novena de agradecimiento, es para dar las gracias a los Seres de Luz por lo que nos han concedido, y lo que habrán tenido que trabajar por ello.

Es muy importante hacerla, pero sólo cuando la petición ya está concedida.

Para ello actuaremos de idéntica forma que para la novena de petición. Solo cambiaremos algo en el apartado de la petición, en que diremos:

"Amado Creador y Fuerzas Cósmicas que te representan.

Te agradezco por permitir que Tu _____ (Virtud, Dominación…)

Me haya apoyado, ayudado a conseguir…".

Lo demás es todo igual (Padre Nuestro, Ave Mª, 9 Glorias, sin dejarse ni uno).

La forma que te he puesto aquí, solo es una sugerencia, pero tú puedes hacerla a tu modo, siempre que no cambies lo imprescindible.

También, te quiero comentar, que si lo que pedimos no se nos concede, tengamos bien claro, que es lo mejor para nosotros ya que, a veces, no pedimos lo más adecuado, ni lo que está en el programa. Además, te subrayo que le hemos dicho al Creador: SI ES TU VOLUNTAD, y quizás en este caso no lo sea.

Tengamos: Paciencia, Amor y Entrega, y veremos cómo el Universo, nos hace llegar, todo lo que nos es necesario en cada momento.

CAPÍTULO 31

VER A LOS ÁNGELES

Mi relación con los ángeles habitualmente, ha sido a través de la visión y oído internos a partir de mis otros vehículos, pero en una ocasión, estando sola en mi consulta, Amor de Dios, uno de los dos ángeles que siempre me acompaña, se manifestó en forma física: en tercera dimensión.

Su presencia me impresionó tanto, que mi cuerpo empezó a temblar y deseaba esconderme debajo de la mesa. Su visita, en esta forma, con su gran estatura que sobrepasaba el techo, sus alas enormes azules y doradas, su extasiante resplandor y su poderosa vibración, que chocó con la mía más densa, me hizo comprender que nuestros vehículos inferiores no estaban preparados para estar ante este ángel tan poderoso, o cualquier otro de esa frecuencia, resistiendo, sin que el vehículo físico sufriera un colapso energético.

Ello me dejó preocupada un tiempo, hasta que vino Monseñor Claudio Paleka de Argentina, y nos habló de este tema.

Monseñor nos explicó que a los Papas de Roma, cuando recibían su nombramiento, también se les proporcionaba un "Sutra" o palabra especial. Este Sutra tiene una frecuencia vibratoria que produce una carga en los vehículos inferiores, transformándoles para poder estar ante estos seres y no desintegrarse.

Junto con ello, nos dio un consejo para poder estar unos instantes ante su visión, su resplandor.

Este consejo se basa en la elaboración de una cartulina dorada, de las dimensiones de un folio, que vamos a llenar de pececitos de colores, que podemos dibujar, recortar de algún lugar, o comprar en forma de pegatinas.

Para practicar con ella, nos sentaremos y la pondremos delante, de tal forma que refleje la luz en la parte dorada de la cartulina y ésta en los ojos. Estaremos así unos 5 ó 10 minutos. Sería interesante hacerlo cada día.

El reflejo dorado se asemeja un poco al que manifiestan los ángeles, cuando se aparecen en nuestra dimensión.

¡¡Es conveniente que estés preparado!!

El angelito Susi y los niños
de la Primera Comunión
(el monaguillo es mi hermano Javier)

CAPÍTULO 32

EJERCICIO COMBINADO: TELEPATÍA Y CANALIZACIÓN

Este es un ejercicio para hacer en grupo. Es interesante que seáis un mínimo de 4 personas. Podéis sentaros y distribuiros armónicamente en círculo, no importa el sexo, es decir, no hace falta alternar chico/ chica.

El ejercicio será la combinación de:

♦ La manifestación física (canalización a través del brazo), interna (dentro de él) o externa (auricamente).

♦ Unida a la manifestación telepática.

Es decir, primero el guía nos levantará la mano señalando a alguien con el dedo y después, nos enviará un mensaje, para luego entregárselo nosotros a esta persona.

Primer punto importante a tener en cuenta: tomémoslo como un aprendizaje, como un juego, (serio, pero juego al fin y al cabo) y no como algo super - importante, para poder ser receptivos y estar abiertos a todo. ¿De acuerdo?

ରେ୦ର

♦ Procederemos de la siguiente manera:

Sentados, con una vela en el centro o bien, cada uno con su velita, pero colocada de tal manera que no moleste para el trabajo.

Papel y lápiz a mano, y un incienso de rico olor.

Nos concentramos, cerrando los ojos y respirando profundamente.

Hacemos el mudra y las Premisas Básicas, respirando lenta y profundamente entre ellas.

"Yo Soy, equilibrio en acción".

"Pido, energía de purificación".

"Abro mi canal a la Luz".

"Pido a mi vehículo Superior,

que tome el mando,

de mis vehículos inferiores,

para hacer este ejercicio".

Igualamos frecuencias con el guía personal:

"Igualo mi frecuencia con la frecuencia de mi guía personal".

Respiración profunda, mientras se nivelan nuestras frecuencias.

Vamos a pedirle lo que es concreto de este ejercicio:

"Pido a mi guía personal, que me señale a un compañero, y me de un mensaje para él / ella".

Una vez hemos hecho esta petición, dejamos el mudra, y ponemos el brazo y la mano en forma adecuada para que el guía pueda tomarla y señalar con los dedos a alguien del grupo. Respiramos, nos relajamos y dejamos que esto ocurra.

Cuando ha señalado a alguien, bajamos la mano, tomamos el lápiz y nos disponemos a abrir la mente para recibir, en forma telepática el mensaje que nuestro guía, o el guía de esta persona, nos envía. (Le podemos preguntar de quien es guía).

Al recibir el mensaje, rápidamente tomamos nota y le damos mentalmente las gracias.

Nos disponemos a seguir. Otra vez relajamos el brazo, dejando el lápiz, siguiendo el proceso de la misma manera, permitiendo que el guía se manifieste a través de tu mano y tu mente.

La duración del ejercicio puede ser mínimamente, de 20 a 30 minutos.

Al término del tiempo daremos las gracias a todos los guías por esta práctica.

Y cerrando los ojos y respirando profundamente hacemos el mudra de cerrar con la mano derecha.

Susi con Josefina Baucells

CAPÍTULO 33

APOYO EN LA SANACIÓN

Si trabajas como masajista o sanadora, también puedes pedir ayuda a los ángeles para que irradien a través de ti sus energías.

Para ello, en tu lugar de comunicación, cuando estés sola y tranquila, invocarás a las "Dominaciones de Dios", pidiéndoles su intervención en tu trabajo, para que ellos irradien Luz, Paz, Tranquilidad y Sanación a tus pacientes.

Es interesante también que invoques a las "Potestades de Dios" para que limpien y purifiquen el lugar, al paciente y a ti de todo lo astral que se desprenda en esta situación.

Ya sabes que la forma de invocar sigue las pautas de lo mencionado en dichos capítulos.

Cuando llegue el paciente y lo tengas en la camilla, durante unos instantes cerrarás los ojos, efectuarás el mudra y las Premisas Básicas y esta invocación:

"YO INVOCO A LAS DOMINACIONES Y POTESTADES DE DIOS,

Para que acudan en mi Protección.

Para que irradien Amor y Sanación.

Ofreciéndome como canal de Luz y Energía.

Aquí y Ahora. Estoy a vuestra disposición".

Esto te protegerá y sentirás las fuerzas de las huestes angélicas a tu alrededor, colaborando en tu crecimiento y aprendizaje.

CUARTA PARTE

LAS FUERZAS OSCURAS

Este es un tema que he tratado muchas veces en mis encuentros, ya que todos me hacéis preguntas sobre la existencia de estas fuerzas.

Veamos aquí un ejercicio para trabajarlo.

CAPÍTULO 34

DILUIR EL DEMONIO INTERNO

Todos, en nuestro interior, en nuestro subconsciente, tenemos un ángel y un demonio. Sobre todo, si desde pequeños nos han inculcado su existencia.

Particularmente, siempre he tenido miedo a mi demonio, hasta que un día recibiendo una terapia le vi y pude abrazarle.

Desde entonces, mi propio y particular demonio interno y yo, somos amigos, y ya no tengo pesadillas de persecución o temores, ya que, cuando sale en mis sueños o mis pensamientos, establece conmigo una buena relación. Ya no viene a asustarme. Ya no soy su víctima, ni él es mi agresor. Hemos llegado a un acuerdo: Yo trabajo para la Luz, él que haga lo que quiera, mientras no me moleste.

La figura diabólica tal como la conocemos, en forma de animal con cuernos y pezuñas, nos la ha impuesto la Iglesia, ya que Lucifer, el Arcángel que se rebeló, era un ser de una gran belleza, que resplandecía, fulgurante.

Nunca se le puede presentar feo, ya que bello fue creado, y no viene contra la humanidad.

Este ser, en forma de cabra, al que todos estamos acostumbrados a relacionar con el demonio, es el Dios Pan. Uno de los dioses de la mitología. Por lo tanto, a veces, nuestros temores son infundados. Nos asusta un arquetipo creado cultural y religiosamente.

Quien nos hace pasar las pruebas en la vida diaria, son nuestros propios guías, ellos tienen nuestro programa de aprendizaje, es decir, saben qué venimos a aprender, qué cualidades nos faltan y qué defectos debemos suprimir, para hallar el nivel de perfección necesario y pasar a la siguiente encarnación.

Ellos nos conducen por el camino de nuestro crecimiento y nos ponen ante nosotros los retos a superar. Eso no quiere decir que no existan fuerzas negativas. El odio y el egoísmo son sus creadores y las atraen. Por tanto, si nuestra frecuencia es alta, si vibramos con el Amor profundo, no se acercará esta energía a nuestro lado.

Bien, una vez aclarado esto, vamos a hacer un ejercicio para poner de nuestro lado al arquetipo del demonio que llevamos dentro.

Tendremos velas e incienso y la imagen del Creador ante nosotros.

Efectuaremos el mudra y las Premisas Básicas, e igualamos la frecuencia.

"Igualo mi frecuencia con la frecuencia de mi guía personal".

Pediremos ayuda a los guías para hacer este trabajo:

"Pido ayuda a mi ángel y a mi guía personal para efectuar este ejercicio".

También, si creemos que lo necesitamos podemos pedir ayuda a las huestes del Arcángel Miguel:

"Pido a las Huestes del Arcángel Miguel que me ayuden y me protejan en este trabajo".

Igualaremos frecuencias con esa entidad:

"Igualo mi frecuencia, con la frecuencia de mi diablo interno".

Después de esto nos relajamos y respiramos profundamente. (El ejercicio lo podemos hacer sentados o acostados).

Frotando el pecho, sacamos de nuestro interior a nuestro arquetipo del diablo interno. Lo miramos y poco a poco, cuando nos sintamos preparados, le abrazamos y empezamos una nueva relación, en la forma que podamos asimilar, (por ahora).

Si quieres puedes llenarlo de Luz Dorada y transformarlo en un ser de Luz, o despedirle de tu vida.

Si lo transformas en un ser de Luz, puedes volver a ponerlo en tu interior, ya renovada su energía, ahora es un Ángel elevado.

Al terminar, hacemos el mudra de cerrar y respirando profundamente regresamos al aquí y ahora. Observando qué sentimos al respecto.

Daremos gracias a los ángeles, guías y Seres de Luz que nos han apoyado en este trabajo. Y, en caso de haberlo pedido, a las Huestes angélicas del Arcángel Miguel.

CAPÍTULO 35

¿QUÉ O QUIÉN PRODUCE EL MAL?

Este apartado contiene datos recogidos de un libro de Robert Anderson, que hace referencia al tema, para que os sea de ayuda.

Veamos lo que nos dice:

ഉന്

"El iniciado lo sabe bien: si el diablo no existe, si sus ejércitos infernales son pura leyenda, no lo son en modo alguno las entidades del astral.

En esta atmósfera del astral inferior, existen:

1. - Los individuos de la especie humana fallecidos, sobrevivientes en un estado de conciencia en que la razón todavía es juguete de las pasiones y de los instintos.

2. - Los restos astrocorporales de los que abandonaron, el ya informe resto de materia etéreo -orgánica que

los revestía, resto sensibilizado por los instintos, lo que les dota de una especie de vida que, desde el punto de vista psicológico, puede compararse con la de los zoófitos.

Estos restos pueden revitalizarse a expensas de otro ser físicamente vivo, que se ponga en contacto con ellos y, en tal caso, los citados protéos del astral se condensan, tomando la forma adecuada al pensamiento que los revitaliza, casi siempre de una forma monstruosa, resultando ser claramente perceptibles.

Este es el origen de las apariciones en los hechos ciertos de evocación satánica, que hicieron surgir horribles y deformes fantasmas de apariencia diabólica.

3. - Los cuerpos fluídicos de los animales, seres que conservan en el plano astral todos sus instintos, buenos o malos; estas formas pueden ser atraídas con facilidad por las prácticas mágicas.

4. - Los pensamientos de los hombres, y los intensos deseos de todos los seres dotados de inteligencia e instinto, que se proyectan en el astral, donde perduran, más o menos tiempo, revestidos de la envoltura fluídica que toman, apoderándose por atracción, de jirones de materia astro - orgánica.

Todas estas formas constituyen un depósito inagotable de entidades evocables, en las que predominan los peores deseos, y que en todas las ocasiones desempeñan maravillosamente bien el papel de diablos, a veces tan a lo vivo, que pueden dar un qué sentir al evocador si se descuida en su trato con ellos, llegando el peligro a la locura o incluso a la muerte".

Bueno, ya lo ves… a mi me parece muy completo, pero a la vez no lo necesito para mis practicas con los ángeles.

Ellos me cuidan y me protegen, son sabios, inteligentes y muy amorosos. Les quiero muchisisisisimo.

ANEXOS

INVOCACIONES ESPECÍFICAS

1

Invocación a los Serafines

Recordemos que los Serafines son los ángeles que cantan, así que les podemos invocar para lo siguiente:

Para trabajar el chakra de la garganta, con sus cualidades correspondientes, y para mejorar nuestra capacidad pulmonar y de voz.

También los invocaremos si queremos acompañarles para cantar a Dios, para hacerlo junto con ellos, y sentirnos así inflamados de la energía del Amor al Creador.

♦ El ejercicio se realiza de la siguiente manera:

Sentados o de pie, pero cómodos. Cerramos los ojos.

Nos relajamos, respiramos lenta y profundamente, hacemos el mudra y las Premisas Básicas. Igualamos frecuencias con los Serafines.

Después de una respiración profunda, invocamos, repitiendo cada frase tres veces.

Después de la invocación, permaneceremos con los ojos cerrados y respirando profundamente. Podemos poner una canción conocida, que incluso ensayaremos antes, si nos apetece.

Poco a poco dejaremos que nuestra boca y nuestra garganta, se muevan bajo la energía de los Serafines y nos prepararemos para sentirlo. Si no lo sintiéramos, podemos apoyarles, ayudando un poco en el movimiento.

Nos daremos cuenta que terminamos el ejercicio, cuando ya no sintamos esa fuerza o energía en nuestra garganta.

Al terminar, con los ojos cerrados y después de una respiración profunda, daremos las gracias a los Seres de Luz que nos han acompañado y efectuaremos el mudra de cerrar con la mano derecha, respirando profundamente varias veces, antes de abrir los ojos, asimilando la energía que nos han dejado los ángeles.

EJERCICIO:

Al empezar:

Mudra de abrir con la mano izquierda.

Premisas Básicas:

"Yo Soy, equilibrio en acción.
Pido, energía de purificación.
Abro mi canal a la Luz.
Pido a mi vehículo Superior,
que tome el mando,
de mis vehículos inferiores,
para hacer este ejercicio".

Igualar frecuencias:

"Igualo mi frecuencia con la frecuencia de los Serafines de Dios".

Invocación:

"Yo invoco a los Serafines de Dios.
Para que, a través de mi garganta disfruten y canten".

(Estas dos frases se repiten tres veces)

"Aquí y ahora. Estoy a Vuestra disposición".

(Esta frase solo se dice una vez)

Ahora repetimos:

"En armonía con el universo, con permiso del Consejo Kármico y en cumplimiento del Plan Divino sobre la Tierra".

Efectuamos el ejercicio.

Al terminar:

Mudra de cerrar con la mano derecha.

ഇരു ഇരു ഇരു

2

Invocación a los Querubines para Sentir el Amor

Los Querubines son los Seres Angélicos encargados de enardecer el Amor.

Podemos invocarles para: sentir más Amor por la humanidad, por los compañeros, por nuestra pareja.

También podemos permitir que jueguen y rían a través de nosotros, dejándoles nuestro vehículo físico para poderlo hacer.

La invocación la podemos hacer de pie o sentados, siguiendo los pasos habituales:

Nos relajamos, respiramos lenta y profundamente, hacemos el mudra y las Premisas Básicas.

Igualamos frecuencias con los Querubines.

Después de una respiración profunda, invocamos.

Al terminar la invocación, que repetimos varias veces, como siempre y con fuerza, nos quedamos quietos para sentir la energía.

Al terminar, dar gracias y mudra de cerrar.

A los querubines también les podemos pedir que nos acompañen al trabajo o a una fiesta. Ello hará que este lugar y esa gente, jueguen y sientan el amor profundo.

¡Experimenta con ellos!

EJERCICIO:

Al empezar:

Mudra de abrir con la mano izquierda.

Premisas Básicas:

"Yo Soy, equilibrio en acción.
Pido, energía de purificación.
Abro mi canal a la Luz.
Pido a mi vehículo Superior,
que tome el mando,
de mis vehículos inferiores,
para hacer este ejercicio".

Igualar frecuencias:

"Igualo mi frecuencia con la frecuencia de los Querubines de Dios".

Invocación:

"Yo invoco, a los Querubines Divinos.
Para pedirles su irradiación de Amor y Cariño.
Para pedirles que jueguen como niños. (Opcional)
Dejándoles para ello mis vehículos". (Opcional)

(Estas frases se repiten tres veces)

"Aquí y ahora. Estoy a Vuestra disposición".

(Esta frase solo se dice una vez)

Ahora repetimos:

"En armonía con el universo, con permiso del Consejo Kármico y en cumplimiento del Plan Divino sobre la Tierra".

Efectuamos el ejercicio.

Al terminar:

Mudra de cerrar con la mano derecha.

ഔ‍ക്ഷ ഔ‍ക്ഷ ഔ‍ക്ഷ

3

Invocación a las Dominaciones para Sanar

Las Dominaciones son los ángeles sanadores. Podemos practicar con ellos la sanación, permitiendo que se manifiesten en nosotros, a través de las manos o de algún chakra superior.

El ejercicio lo haremos con otra persona a la que deseemos sanar, colocándola enfrente sentada o acostada, o bien podemos auto-sanarnos, si tenemos algún problema personal, en cuanto a equilibrio de energías o salud.

Para invocar a las Dominaciones, en primer lugar, ponemos velas e incienso en la sala. En este caso, es muy importante tener una vela a nuestra derecha para que el ángel cuando expulse las impurezas, las purifique a través del fuego.

También podemos poner velas alrededor del paciente, por si nos tenemos que mover en torno a él, pero no demasiadas no sea que nos impidan el desplazamiento.

Empezaremos sentados o de pie, cerrando los ojos y respirando lenta y profundamente. Nos relajamos, hacemos el mudra y las Premisas Básicas.

Igualamos frecuencias con las Dominaciones.

Después de una respiración profunda, invocamos.

Después de repetir 3 veces cada frase, con fuerza, potencia y claridad, respirando después de cada repetición, deja que tus manos o tus chakras, se llenen de energía y de la Luz angélica de las Dominaciones de Dios.

Respira lenta y profundamente para sentir la energía, y permitir que penetre en tu interior. Puede ser que sientas plena o parcialmente al Ser Angélico que has invocado y éste lleve tus manos al paciente.

Como también puede ocurrir que simplemente sientas recorrer la energía por tu cuerpo y tengas tendencia a poner las manos en algún lugar del cuerpo del paciente.

Permite que la energía circule por tu interior y que tu cuerpo siga el impulso que los ángeles te van señalando.

Relájate.

Cuando sientas que la energía deja de circular por ti, baja despacio los brazos, respira lenta y profundamente.

Da las gracias a la Dominación que te ha acompañado en este ejercicio, efectúa el mudra de cerrar con la mano derecha y respira para que circule la energía que éste ser manifestó en tu interior y del que habrá quedado una parte en ti.

Absórbelo lo máximo posible, y cuando sientas que has terminado, abre los ojos y regresa al aquí y ahora de tu vida diaria.

EJERCICIO:

Al empezar:

Mudra de abrir con la mano izquierda.

Premisas Básicas:

"Yo Soy, equilibrio en acción.
Pido, energía de purificación.
Abro mi canal a la Luz.
Pido a mi vehículo Superior,
que tome el mando,
de mis vehículos inferiores,
para hacer este ejercicio".

Igualar frecuencias:

"Igualo mi frecuencia con la frecuencia de las Dominaciones de Dios".

Invocación:

"Yo invoco a las Dominaciones de Dios.
Para que a través de mis manos curen y sanen".

(Estas dos frases se repiten tres veces)

"Aquí y ahora. Estoy a Vuestra disposición".

(Esta frase solo se dice una vez)

Ahora repetimos:

"En armonía con el universo, con permiso del Consejo Kármico y en cumplimiento del Plan Divino sobre la Tierra".

Efectuamos el ejercicio.

Al terminar:

Mudra de cerrar con la mano derecha.

ഔ ഔ ഔ

4

Invocación a las Dominaciones para Danzar

Las Dominaciones de Dios también son los ángeles encargados del movimiento, tanto inspirador, como relajante o terapéutico.

Podemos invocarles tomando la danza o el movimiento como una terapia, cuando así lo necesitamos.

También como activadores de los canales energéticos, para que fluya la energía por ellos y se desbloqueen los chakras al efectuar el movimiento.

Podemos permitir, que las Dominaciones se expresen como deseen, es decir, prestándoles el vehículo físico, para su expresión particular.

O bien, si somos artistas, pedirles inspiración divina para poder ofrecerle nuestra danza al Creador o danzar con la energía del Creador para otras personas.

Forma de efectuar el ejercicio:

Para esta ocasión tan especial, pondremos la música adecuada, que puede ser la que más nos guste, la que sea relajante, terapéutica o bien aquella que hayamos acordado con las Dominaciones.

Seguimos los pasos habituales.

Sentados o de pie, pero cómodos. Nos relajamos, respiramos lenta y profundamente, hacemos el mudra y las Premisas Básicas.

Igualamos frecuencias con las Dominaciones.

Después de una respiración profunda, invocamos.

Después de invocar relájate, pon la música adecuada y de pie, con un espacio suficiente para poder moverte, deja que tu cuerpo sea inspirado o movido por las Dominaciones.

Siente en tu interior cómo la energía te lleva.

Abandónate al sonido y a la fuerza o suavidad de estos seres angelicales.

Cuando ya no sientas esa energía, respira despacio y asimila lo que ha ocurrido, asume la energía, la Luz.

Da las gracias a las Dominaciones y efectúa el mudra de cerrar con la mano derecha.

EJERCICIO:

Al empezar:

Mudra de abrir con la mano izquierda.

Premisas Básicas:

"Yo Soy, equilibrio en acción.
Pido, energía de purificación.
Abro mi canal a la Luz.
Pido a mi vehículo Superior,
que tome el mando,
de mis vehículos inferiores,
para hacer este ejercicio".

Igualar frecuencias:

"Igualo mi frecuencia con la frecuencia de las Dominaciones de Dios".

Invocación:

"Yo invoco a las Dominaciones de Dios.
Para que, a través de mi cuerpo se muevan y dancen".

(Estas dos frases se repiten tres veces)

"Aquí y ahora. Estoy a Vuestra disposición".

(Esta frase solo se dice una vez)

Ahora repetimos:

"En armonía con el universo, con permiso del Consejo Kármico y en cumplimiento del Plan Divino sobre la Tierra".

Efectuamos el ejercicio.

Al terminar:

Mudra de cerrar con la mano derecha.

ഇൽ ഇൽ ഇൽ

5

Invocación a las Virtudes

Las Virtudes son unos ángeles que tienen fama por sus artes manuales, así que les podemos invocar para permitirles que, a través de nosotros, canalizándolos, efectúen trabajos con las manos, usando diversos materiales como puede ser: pinturas, barro, madera, papel, etc.

Así que, tener dispuesto alguna clase de material si queréis trabajar con ellos.

Vamos a invocarles de la siguiente manera:

Cerramos los ojos, haremos el mudra y las Premisas Básicas

Igualamos frecuencias con las Virtudes.

Y después de una respiración profunda, invocamos.

Cuando hayamos invocado a las Virtudes, nos relajamos y respiramos profundamente, dejando el material ante nosotros y las manos muy relajadas para que las Virtudes las manejen.

No nos sorprendamos de lo que ocurra.

Si la primera vez nuestras manos no se mueven, quizás recibamos en la mente lo que la Virtud quiere que hagamos con el material.

Estemos receptivos también mentalmente.

Sigamos sus indicaciones.

Al terminar lo que hayamos elaborado, damos las gracias y hacemos el mudra de cerrar, respirando profundamente.

EJERCICIO:

Al empezar:

Mudra de abrir con la mano izquierda.

Premisas Básicas:

"Yo Soy, equilibrio en acción.
Pido, energía de purificación.
Abro mi canal a la Luz.
Pido a mi vehículo Superior,
que tome el mando,
de mis vehículos inferiores,
para hacer este ejercicio".

Igualar frecuencias:

"Igualo mi frecuencia con la frecuencia de las Virtudes de Dios".

Invocación:

"Yo invoco a las Virtudes de Dios.
Para que a través de mis manos dibujen y pinten".

(Estas dos frases se repiten tres veces)

"Aquí y ahora. Estoy a Vuestra disposición".

(Esta frase solo se dice una vez)

Ahora repetimos:

"En armonía con el universo, con permiso del
Consejo Kármico y en cumplimiento del Plan
Divino sobre la Tierra".

Efectuamos el ejercicio.

Al terminar:

Mudra de cerrar con la mano derecha.

ഇൽ ഇൽ ഇൽ

6

Invocar a las Potestades para Pedir Protección

Las Potestades nos brindan su protección, ya que éste es su servicio, por ello las podemos invocar para pedir su ayuda y protección en caso de que sea necesario.

En esta situación, podemos hacer la invocación de pie o sentados.

Siguiendo el proceso habitual:

Ponemos velas, incienso y hacemos el mudra y Premisas Básicas.

Igualamos frecuencias con las Potestades.

Y después de una respiración profunda, invocamos.

Al finalizar la invocación debemos relajarnos y simplemente esperar y tener plena confianza en que estos seres estarán a nuestro lado y nos van a ayudar en estos momentos en que los estemos necesitando.

Después de varias respiraciones profundas, hacemos el mudra de cerrar.

EJERCICIO:

Al empezar:

Mudra de abrir con la mano izquierda.

Premisas Básicas:

"Yo Soy, equilibrio en acción.
Pido, energía de purificación.
Abro mi canal a la Luz.
Pido a mi vehículo Superior,
que tome el mando,
de mis vehículos inferiores,
para hacer este ejercicio".

Igualar frecuencias:

"Igualo mi frecuencia con la frecuencia de las
Potestades de Dios".

Invocación:

"Yo invoco a las Potestades de Dios.
Para que me protejan y guíen.
Pido que con sus espadas corten,
y me liberen de la energía astral negativa,
que hay a mi alrededor".

(Estas frases se repiten tres veces)

"Aquí y ahora. Estoy a Vuestra disposición".

(Esta frase solo se dice una vez)

Ahora repetimos:

"En armonía con el universo, con permiso del Consejo Kármico y en cumplimiento del Plan Divino sobre la Tierra".

Efectuamos el ejercicio.

Al terminar:

Mudra de cerrar con la mano derecha.

ഇൗ ഇൗ ഇൗ

7

Invocación a las Potestades para Cargar los Minerales u otros elementos

Las Potestades, con su Espada de Fuego, pueden cargar con gran fuerza y nueva energía nuestros minerales.

Si usamos dichos minerales en nuestras terapias, podemos observar los espléndidos resultados en los pacientes.

Si son para uso personal sentiremos su energía en la casa.

Recordad que una vez a la semana (al menos) debemos mantenerlos unas horas sumergidos en agua con sal, para limpiarlos de la carga astral que hayan ido recogiendo durante este tiempo, y luego exponerlos a la energía del Sol.

En esta ocasión seguiremos este proceso:

Encender velas e incienso. Tener preparados los minerales. Cerramos los ojos, respiramos profundamente, hacemos el mudra y realizamos las premisas.

Igualamos frecuencias.

La invocación puede estar enfocada a pedirles que nos presten por un momento su Espada de Luz, o que sean ellos quienes hagan el trabajo con su espada.

Efectuamos la invocación.

Para el primer apartado:

Después de la invocación, esperaremos un momento, con la mano preparada, para sentir la energía de la Espada.

Cuando la sintamos, enfocamos con ella a los minerales y los cargamos de Luz y energía.

Al terminar damos las gracias, tanto a la Espada como al ángel y se la devolvemos.

Si lo que pedimos es que ellos sean quienes carguen directamente el mineral, podemos hacerlo de esta manera: tomamos el mineral en las manos y después de los pasos habituales (Mudra, Premisas Básicas, Igualar frecuencias, etc.), realizamos la segunda invocación.

Al terminar, hacer el mudra de cerrar dando las gracias y respirando profundamente.

Si lo que queremos que se cargue de energía es otro elemento, sustituiremos la palabra "minerales" por la que sea necesaria. Puede ser interesante que al final del ejercicio, durante unos momentos mantengamos el elemento quieto en el lugar donde hemos efectuado el trabajo.

♦ La primera tendría la siguiente invocación:

1ª invocación:

Al empezar:

Mudra de abrir con la mano izquierda.

Premisas Básicas:

"Yo Soy, equilibrio en acción.
Pido, energía de purificación.
Abro mi canal a la Luz.
Pido a mi vehículo Superior,
que tome el mando,
de mis vehículos inferiores,
para hacer este ejercicio".

Igualar frecuencias:

"Igualo mi frecuencia con la frecuencia de las Potestades de Dios".

Invocación:

"Yo invoco a las Potestades de Dios.
Para pedirles su Espada Divina.
Y cargar con ella estos minerales.
De luz, energía y amor a raudales".

(Estas frases se repiten tres veces)

"Aquí y ahora. Estoy a Vuestra disposición".

(Esta frase solo se dice una vez)

Ahora repetimos:

"En armonía con el universo, con permiso del Consejo Kármico y en cumplimiento del Plan Divino sobre la Tierra".

Efectuamos el ejercicio.

Al terminar:

Mudra de cerrar con la mano derecha.

♦ 2ª invocación:

Al empezar:

Mudra de abrir con la mano izquierda.

Premisas Básicas:

"Yo Soy, equilibrio en acción.
Pido, energía de purificación.
Abro mi canal a la Luz.
Pido a mi vehículo Superior,
que tome el mando,
de mis vehículos inferiores,
para hacer este ejercicio".

Igualar frecuencias:

"Igualo mi frecuencia con la frecuencia de las
Potestades de Dios".

Invocación:

"Yo Invoco a las Potestades de Dios.
Para que a través de su Espada Divina.
Carguen de Amor y de Luz estos minerales".

Estas frases se repiten tres veces)

"Aquí y ahora. Estoy a Vuestra disposición".

(Esta frase solo se dice una vez)

Ahora repetimos:

> "En armonía con el universo, con permiso del Consejo Kármico y en cumplimiento del Plan Divino sobre la Tierra".

Efectuamos el ejercicio.

Al terminar:

Mudra de cerrar con la mano derecha.

စဉ် စဉ် စဉ်

8

Invocación a las Potestades para pedirles su "Espada Divina"

Si sentimos la necesidad de liberarnos de determinadas energías astrales, que giran a nuestro alrededor, o han quedado atrapadas en nuestros cuerpos, podemos pedir a las Potestades su ayuda y que nos liberen de ello, prestándonos para tal ocasión su Divina Espada de Luz Azul.

Procedemos de la siguiente forma: Sentados o de pie, pero cómodos. Nos relajamos, respiramos lenta y profundamente, hacemos el mudra y las Premisas Básicas.

Igualamos frecuencias con las Potestades.

Después de una respiración profunda, invocamos.

Al finalizar esta invocación, alzaremos el brazo y dispondremos nuestra mano para recibir esta espada. Cuando sintamos la energía de la espada en la mano, nos concentramos en actuar con ella, con cariño y respeto, pero con fuerza y poder, para liberarnos de lo astral.

Al terminar, la devolveremos, dando las gracias a la potestad que nos la haya prestado. Diciendo:

"Te doy las gracias por prestarme tu "Espada de Luz Divina" y te pido que cortes todo lo astral negativo a mi alrededor y que me liberes de todo aquello que no haya podido observar o sentir, para ser un canal de Luz y Energía del Creador".

Después cerraremos los ojos y respiraremos profundamente.

Hacemos el mudra de cerrar, uniendo índice y pulgar de la mano derecha durante unos segundos.

EJERCICIO:

Al empezar:

Mudra de abrir con la mano izquierda.

Premisas Básicas:

"Yo Soy, equilibrio en acción.
Pido, energía de purificación.
Abro mi canal a la Luz.
Pido a mi vehículo Superior,
que tome el mando,
de mis vehículos inferiores,
para hacer este ejercicio".

Igualar frecuencias:

"Igualo mi frecuencia con la frecuencia de las
Potestades de Dios".

Invocación:

"Yo Invoco a las Potestades de Dios.
Para pedirles su Espada Divina.
Y cortar con ella todo vínculo astral,
que me está molestando.
Agradezco su ayuda, protección y consuelo".

Estas frases se repiten tres veces)

"Aquí y ahora. Estoy a Vuestra disposición".

(Esta frase solo se dice una vez)

Ahora repetimos:

"En armonía con el universo, con permiso del Consejo Kármico y en cumplimiento del Plan Divino sobre la Tierra".

Efectuamos el ejercicio.

Al terminar:

Mudra de cerrar con la mano derecha.

ഏറ ഏറ ഏറ

9

Invocación a las Potestades para un País

Podemos pedir ayuda a las Potestades para poner un orden correcto y purificar un país.

Realizaremos el siguiente ejercicio, en el que sustituimos Argentina o la República Mexicana, por nuestro país.

Pautas para este ejercicio:

En primer lugar efectuaremos el mudra y las Premisas Básicas, igualando frecuencias con las Potestades de Dios.

Para este ejercicio, podemos pedir ayuda a otros Seres de Luz, y al Deva del país, si lo creemos conveniente.

Invocaremos y después de ello, pondremos nuestras manos enfocadas en un mapa imaginario de nuestro país, o de aquel que queramos irradiar.

La duración del ejercicio puede ser, desde cinco minutos a quince, según sintamos.

Al finalizar el ejercicio, efectuaremos el mudra de cerrar, dando las gracias a todos los Seres de Luz que nos han acompañado, y pidiendo que corrijan cualquier error que hayamos podido cometer (Esto es importante porque no queremos meternos en el proceso kármico del país, ni del de sus habitantes).

EJERCICIO:

Al empezar:

Mudra de abrir con la mano izquierda.

Premisas Básicas:

"Yo Soy, equilibrio en acción.
Pido, energía de purificación.
Abro mi canal a la Luz.
Pido a mi vehículo Superior,
que tome el mando,
de mis vehículos inferiores,
para hacer este ejercicio".

Igualar frecuencias:

"Igualo mi frecuencia con la frecuencia de las Potestades de Dios".

Invocación:

"Yo Invoco a las Potestades de Dios.
Para que, a través de su espada organicen y purifiquen
El karma propio y ajeno de… Argentina…
la República Mejicana…
Y el Amor, Luz y Armonía lleguen y venzan".

Estas frases se repiten tres veces)

"Aquí y ahora. Estoy a Vuestra disposición".

(Esta frase solo se dice una vez)

Ahora repetimos:

> "En armonía con el universo, con permiso del Consejo Kármico y en cumplimiento del Plan Divino sobre la Tierra".

"También pido a los ángeles que corrijan cualquier error que yo pueda cometer en esta tarea".

Efectuamos el ejercicio.

Al terminar:

Mudra de cerrar con la mano derecha.

ഓരു ഓരു ഓരു

10

Invocación al Deva de la Zona

Podemos tratar con el Deva de la zona, para averiguar cual es su problema y así poder ayudarle, enviando, por ejemplo Energía Dorada si lo precisa.

Siguiendo el proceso habitual: respiración, relajarse, hacer el mudra, Premisas Básicas, Igualar frecuencias con el Deva de la zona. Realizamos la invocación.

Respiramos lenta y profundamente.

Visualizamos al Deva y hablamos con El, recibiendo su comunicado, donde manifestará sus necesidades.

Finalizada la conversación, efectuaremos el mudra de cerrar y actuaremos según su pedido.

EJERCICIO:

Al empezar:

Mudra de abrir con la mano izquierda.

Premisas Básicas:

> "Yo Soy, equilibrio en acción.
> Pido, energía de purificación.
> Abro mi canal a la Luz.
> Pido a mi vehículo Superior,
> que tome el mando,
> de mis vehículos inferiores,
> para hacer este ejercicio".

Igualar frecuencias:

> "Igualo mi frecuencia con la frecuencia del Deva de mi zona".

Invocación:

> "Yo invoco al Deva de mi zona.
> Para que me dé la información que requiero.
> Para acudir en su ayuda y consuelo".

(Estas frases se repiten tres veces)

> "Aquí y ahora. Estoy a Vuestra disposición".

(Esta frase solo se dice una vez)

Ahora repetimos:

"En armonía con el universo, con permiso del Consejo Kármico y en cumplimiento del Plan Divino sobre la Tierra".

Efectuamos el ejercicio.

Al terminar:

Mudra de cerrar con la mano derecha.

LOS ÁNGELES Y
LOS RAYOS MANÁSICOS

La Estrella Sirio vibra en séptima dimensión, por lo que su Luz, también posee ese nivel vibratorio. El espectro de esta Luz de Sirio nos da Siete Rayos, llamados Manásicos. Estos Rayos son invisibles al ojo humano en su actual estado evolutivo de tercera dimensión.

Los siete Rayos procedentes de la Estrella Sirio son los siguientes:

- Primer Rayo, Azul
- Segundo Rayo, Amarillo
- Tercer Rayo, Rosa
- Cuarto Rayo, Blanco
- Quinto Rayo, Verde
- Sexto Rayo, Morado-Oro
- Séptimo Rayo, Violeta.

Cada uno de los Rayos posee una vibración afín con un determinado color visible.

Cada Rayo se corresponde con unas cualidades:

- Rayo Azul: Voluntad, Fe, Protección, Fuerza, Poder, Dirección, Seguridad, Acción.

- Rayo Amarillo: Inteligencia Divina, Sabiduría, Iluminación.

- Rayo Rosa: Amor Divino, Armonía Cósmica, Compasión.

- Rayo Blanco: Pureza, Sublimación, Ascensión, Alegría.

- Rayo Verde: Sanación, Relajación, Equilibrio, Paz interna, Verdad.

- Rayo Morado-Oro: Servicio, Paz Mundial, Ministración.

- Rayo Violeta: Transmutación, Perdón, Justicia, Libertad.

Además de los Rayos Manásicos contamos con la ayuda de la energía del Rayo Dorado, cuya finalidad es subir la vibración de cuanto irradia.

Cada Rayo es creado por un Elohim, distribuido por un Arcángel, y representado y dirigido en el planeta por un Maestro.

RAYO	ARCÁNGEL
AZUL	Miguel.
AMARILLO	Jofiel.
ROSA	Chamuel.
BLANCO	Gabriel.
VERDE	Rafael.
MORADO-ORO	Uriel.
VIOLETA	Zadquiel.

EL ÁNGEL Y EL SIGNO ASTROLÓGICO

ARIES	MAQUIDIEL
TAURO	ASMODEL
GEMINIS	AMBRIEL
CANCER	MURIEL
LEO	VERQUIEL
VIRGO	HAMALIEL
LIBRA	URIEL
ESCORPIO	HARBIEL
SAGITARIO	ADNAQUIEL
CAPRICORNIO	ANAEL
ACUARIO	GABRIEL
PISCIS	BARQUIEL

Imagen de María y Titania

NOTAS DE LA AUTORA

Miro esta foto y me hace gracia verme a mi misma en esta forma angelical.

¡Quien me lo iba a decir a mi a esa edad!

Tantas y tantas experiencias que ya he vivido con los ángeles.

Tantos encuentros de día y de noche.

Este libro es un homenaje a ellos y a sus enseñanzas. A su labor con la humanidad y a su paciencia con nosotros. Porque mira que tienen que tener paciencia, ¿verdad?

Un beso muy grande a mis hermosos ángeles. ¡Cuidadme por favor!!

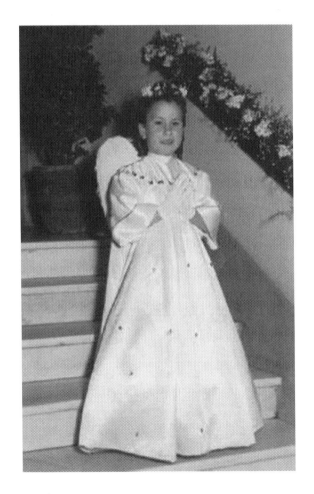

Ávila, 11 de abril de 2012